事業者必携

入門図解

インボイス制度に対応!

最新 ビジネス契約書と請求書・領収書・印鑑・印紙税の実務知識

認定司法書士
松岡 慶子

公認会計士・税理士
武田 守［監修］

三修社

はじめに

ビジネスの現場での活動は、その多くが法律によって規制されています。企業活動の中心である取引は、契約書の作成などを正しい法律的な知識に基づいて行うことが重要です。

最近では、脱ハンコ化が進んでいますが、契約書を作成する際には、印鑑を押さなければならないケースもあります。また、備品購入時や仕入時、請求書発行時の消費税、商品の受渡しの際には納品書、受領書、請求書を、金銭の受渡しには領収書を発行します。さまざまな文書作成時に貼付する印紙税もどんな規模の事業者にも関係する必須知識です。

最低限の実務知識を持たないまま不適切な処理を行うと、法的な問題に気付かず、後々重大な問題を引き起こしてしまうことがあります。本書では、このような契約に関する基礎的な知識と取引活動に深く関わる請求書、領収書、印鑑、電子帳簿保存法、特定商取引法、消費税（インボイス制度）・印紙税、イザというときのための債権管理などを中心に、実務をこなすために知っておくべきポイントや判断に迷う実務上の処理について、初めて法律に触れる人にもわかるように、丁寧な解説を心がけています。

なお、消費税は令和５年（2023年）10月よりインボイス制度がスタートします。本書では、インボイス制度スタートに伴い、押さえておくべき事項を整理し、想定される問題に講じる対応策に関して重要ポイントをまとめました。

総務・法務や経理担当者、営業部門の担当者をはじめ、会社の契約書作成業務に関わるすべての皆様が、広く本書をご活用頂ければ、監修者として幸いです。

監修者　司法書士　松岡　慶子

監修者　公認会計士・税理士　武田　守

Contents

第６章　売掛金と債権管理の知識

第1章

商取引と契約書作成の知識

1 商取引と注文書・請求書の作成上の注意点

商取引の基本となるさまざまな書類について理解する

商取引とは

商取引とは、商業上の取引行為のことです。企業や個人商人が契約の当事者であるため、一般人の立場で結ぶ契約とは異なる特徴があります。まず、契約が反復・継続的に行われることが多い点が特徴です。長期間にわたって取引を続けるためには、お互いの信用が基本となります。それと同時に、取引を円滑にするために具体的で明確な取り決めをすることが求められます。また、商取引においては取引が大規模である場合が多い点も特徴として挙げられます。取引金額が大きくなるため、事前に支払いの条件や方法を決めておく必要があります。さらに損害の発生を想定した対処法を定めておくことも大切です。

商取引で最も典型的なのが、「売買契約」です。商人間の売買では取り扱う商品の数量や金額が大きくなります。そのため代金の支払いは迅速に行う必要があります。商品の取扱いも慎重を期さなければなりません。買主が商品を受け取った際には、すぐに検査すべきです。もし欠陥が見つかったときには、売主に欠陥の種類や程度を通知します。

反復・継続する取引については取引基本契約書を結ぶ

ビジネスでは、一定の取引を反復・継続して行う場合が多くあります。たとえば、一定の取引先から長期間、原材料を仕入れる場合や、一定期間、特定の業務を委託する場合などです。

このように、反復・継続する取引を行う場合に、個々の取引を行うたびに締結される個別契約に共通して適用される基本的な条件をあらかじめ定めるために作成される契約書を「取引基本契約書」といいます。「売買取引基本契約書」というように、契約の目的と組み合わせた名称で作成されることが多いです。

取引基本契約書には、注文書と注文請書をやりとりする方法など、取引の反復・継続によって繰り返される業務プロセスを規定します。具体的な品物の種類、数量、単価、納期などに関する「主要条件」は、注文書と注文請書または個別の契約書などにより、そのつど規定していくことになります。この場合、取引基本契約書と個別の契約書、注文書・注文請書などがセットになって、1つの契約条件を表すというイメージになります。

■ 注文書サンプル

注 文 書

No. ○○○○

株式会社○○御中

株式会社○○○○
東京都○○区○○町○―○―○　社印
電話03－○○○○―○○○○

令和○○年○月○日
下記の通り注文いたします。

日付	商品名	数量	金額（10%税込）
1	D商品	2箱	410，000
2	E商品	1箱	780．000
3	F商品	5箱	250．000
合計		8箱	1，440，000

1注文金額　1，440，000円
2納期期日　令和○○年○月○日
3納品場所　株式会社○○○○（本店）

また、所有権はどちらに属するか、リスクはどちらが負うかなど、あいまいな点をなくし、極力具体的かつ詳細な規定を定めます。

取引基本契約書と注文書と注文請書（または個別の契約書）に異なる規定が置かれている場合、どちらが優先されるのか、といった各規定の優劣関係も取引基本契約書で定めておくことが重要です。トラブル防止のためにも盛り込むことを忘れてはならない重要な項目です。

注文書と注文請書で１つの契約となる

個別の契約は、注文書、注文請書、見積書のやりとりだけでも成立します。契約は当事者の一方が「申込」をして、相手が「承諾」することによって成立するからです。この場合、「申込」を証明するのが注文書で、「承諾」を証明するのが注文請書となります。

まず、注文書から見ていきましょう。注文書を作成する際のポイントは、①宛て先の会社名を正しく書く、②商品名や数量など目的物を特定する、③代金（総額・単価）・支払方法などを明記する、④納入場所、納入方法などを詳細に書く、⑤必ずコピーまたはスキャンなどをして控えをとっておく、ことです。注文書だけでは、相手が承諾したのかどうかがわからないので、「注文請書」が必要になります。相手から注文請書を受け取っていれば、承諾があったことが証明できます。注文書や注文請書は、どんな形式のものでもかまいません。商品名と代金を記載したFAX文書でもよいのです。

見積書について

商品（あるいは機械・工事など）の単価、数量、納期などの取引条件を記載して、受注者が注文者に対して契約締結前に交付する書面を見積書といいます。見積書は、単に取引条件を示したものにすぎません。このことから見積書を受けて、注文者が商品購入などの注文（申込）を行い、それを受注者が承諾することで契約が成立します。

請求書を作れば証拠になる

取引上生じた債権や商品の引渡しを請求したことを証明する文書を請求書といいます。請求書は、たとえば、債権を回収しないまま何年もたってしまい、請求せずに放っておいたために、その債権が時効によって消滅するのを防ぎたい場合（時効の更新または完成猶予）、相手がきちんと債務を履行しないため、損害が生じて、特約条項の損害金の発生の有無を確定したい場合などに効果を持ちます。

■ 請求書サンプル（適格請求書）……………………………………

請　求　書

No.　○○○○

2023年○月○日

株式会社○○御中

社印

株式会社○○○○

（登録番号TXXXXXXXXXXXXX）

東京都○○区○○町○―○―○

電話　０３－○○○○―○○○○

下記の通りご請求申し上げます。

日付	商品名	数量	金額
4／5	A商品	1箱	320，000
4／12	B商品※	3箱	450，000
4／19	C商品	1箱	530，000
		…	…

合計　2,050,000円　消費税　196,000円

８%対象　450,000円　消費税　36,000円

10%対象　1,600,000円　消費税　160,000円

※は軽減税率適用商品

また、相手との間に債権がいくつもあるときは、請求書に、どの債権の請求をしたのかを必ず明記しておく必要があります。なお、相手とトラブルになる可能性が高い場合、内容証明郵便（郵便の差出人・受取人・文書の内容について、日本郵便株式会社が証明する郵便制度のこと）による請求をすることで証拠力が高まります。

請求書の発行と入金の管理

取引先に商品などを出荷する場合、納品書を同封しますが、納品書と複写になっている受領書を送り返してもらいます。そのために、当社宛の返信用封筒を同封しておきます。受領書には、商品受取の証明となる受領印を押してもらいます。

受領書が取引先から郵送されてきたら、請求書の作成をします。会社には締め日があるので、締め日に応じて請求業務を行います。請求書と受領書の内容に相違がないかをしっかりとチェックし、取引先へ郵送します。

また、請求書は複写式で発行します。発行する請求書には通し番号を付け、取引先に送ったものと同じ内容の控えを、手元に保管するようにします。

ところで、代金の支払いには、現金だけでなく、小切手や手形、銀行振込などがあります。請求書を取引先へ送付した後は、取引先ごとに入金予定表を作成し、代金を期日までに回収できたかどうかを確認することが重要です。期日までに回収できない場合は、直接取引先に督促（催促）しなければなりません。

請求書の書き方

請求書には、①宛先、②請求日、③作成者、④債権内容、⑤債権額、⑥支払期限、⑦振込先といった事項を記載します。令和５年10月１日以降に発行する適格請求書等ではこの他、前ページのとおり、発行事業者の登録番号や、軽減税率の対象である旨、税率ごとに合計した対価の額、税率ごとの消費税額・適用税率も記載する必要があります。

請求の時点で未だ入金されていない未払金がある場合には、その未払金についても記入するようにします。

契約期間を定めるときの注意点

契約において、契約期間は最も重要とされる項目です。契約しようとする内容に、いつからいつまでの間、契約の効力を持たせたいのかを契約書に明記しないと契約自体が成立しないことがあります。

契約には、①１回の取引の「単発契約」と、②継続的取引の「継続契約」の２種類があります。

基本的に、単発契約の場合は、期間ではなく、契約終了日が重視されます。一方、賃貸借契約や労働契約、フランチャイズ契約などの長期に渡る継続契約については、契約期間が非常に重要な事項となります。さらに、継続契約の場合は、自動更新とするのか、そうでないのかも確認しておく必要があります。自動更新は契約者の申し出がない限り契約は終了しませんが、そうでない場合は、契約期間の満了により契約が終了するため、期間の設定には十分に気を付けることが大切です。また、契約がいつから始まり、いつ終了するのかわからない場合もあります。しかし、契約期間を契約書に明記しておくことで、契約期間が明確になってトラブルを防止することが可能です。

その他、契約期間については、いつ契約内容が履行されるのかも重要な事項です。たとえば、金銭消費貸借契約の場合は、「○月○日までに○万円を一括で支払う」などと契約書に記すことで、契約に基づく債務（借金返済）の履行日が明確になります。

書式　取引基本契約書サンプル

継続的商品売買取引基本契約書

○○商事株式会社（以下「甲」という）と××産業株式会社（以下「乙」という）とは、甲の製造する製品（以下「本件商品」という）の乙に対する継続的供給に関し、基本となる契約（以下「基本契約」という）を次の通り締結する。

第１条（目的） 甲及び乙は、甲乙間の取引につき、相互の利益を確保し、本契約関係につき信義誠実に履行し、公正な取引関係を維持することを目的とする。

第２条（基本契約と個別契約との関係） 基本契約は、甲乙間に締結される個別の契約（以下「個別契約」という）に特約なき限り、甲乙間のすべての個別取引に適用するものとする。

第３条（個別契約の成立） 個別契約は、発注年月日、品名、仕様、単価、数量、納期、納入場所、支払方法その他を記載した乙所定の注文書を乙から甲へと交付し、甲がこれを承諾したときに成立するものとする。

第４条（売買価格の決定） 売買価格の代金は、甲乙の協議により、双方合意の上で決定されるものとする。

第５条（売買代金の支払方法） 売買代金の支払方法は、甲乙の協議により、別に定めることとする。

第６条（商品納入後の検査義務） 乙は、甲から本件商品の納入を受けた時は、直ちに本件商品を検査しなければならない。

２　検査の方法は、あらかじめ当事者が定めた方法によるものとし、別に定めることとする。

３　前項の検査により、万が一、乙が本件商品が種類、品質又は数量に関して契約の内容に適合しないこと（以下「本件商品の契約不適合」という）を発見した場合、乙は直ちに書面をもって甲に対しその旨を通知することを要する。

第７条（所有権の移転及び帰属） 本件商品の所有権は、本件商品の現実の引渡によって甲から乙に移転することを原則とする。ただし、特約がある場合には、代金の弁済が完了するまで本件商品の所有権は甲に帰属するものとする。
2　乙は、本件商品受領の際、直ちに甲の納品書に受領の署名押印をして、これを甲に対して発送しなければならない。

第8条（相殺予約） 甲が乙に対して債務を負う場合、甲は、基本契約及びその他の契約に基づいて生じる甲の乙に対する債権と甲の乙に対する債務とを、甲の乙に対する債権の弁済期到来の有無に関わらず、同一の金額、条件で相殺できるものとする。

第9条（契約不適合責任） 甲より乙へ本件商品を納入した後6か月以内に、乙が本件商品の契約不適合を発見した場合、乙は、相当の期限を定めて、甲に対し、本件商品を修理又は交換すべきことを請求することができる。その場合の費用は、甲が負担するものとする。また、本請求は、乙において遅滞なく甲に行うことを要する。
2　前項の場合において、本件商品の契約不適合に基づき乙が損害を被ったときは、乙は甲に対し損害賠償の請求をすることができる。乙が、第三者に発生した損害を賠償したときも、これを準用する。
3　甲は、乙に対する本件商品の納入後6か月を経過したときは、本件商品につき、何ら責任を負わないものとする。

第10条（秘密保持） 甲及び乙は、基本契約及び個別契約に関して知り得た営業上又は技術上の秘密を、第三者に開示又は漏えいしてはならない。当事者以外の第三者の情報についても同様とする。

第11条（損害賠償） 甲又は乙が基本契約又は個別契約の条項に違反し、相手方に損害を与えたときには、違反した当事者は、損害を被った相手方に対してその損害を賠償するものとする。

第12条（契約解除） 甲又は乙は、相手方が次の各号に該当したときは、何らの催告を要せず、直ちに基本契約を解除することができる。
一　基本契約又は個別契約の条項に違反した場合
二　基本契約又は個別契約に違反すると思われる場合に、相当の期間を定めて是正を勧告したにも関わらず、当該期間内に是正を行わないとき
三　営業停止など、行政処分を受けたとき
四　税の納付に関し、滞納処分を受けたとき
五　差押、仮差押、仮処分等を受けたとき

六　手形又は小切手につき不渡り処分を受けたとき

七　破産、民事再生又は会社更生の申立てを行ったとき。これらの申立てが第三者からなされたとき

八　会社の組織について、解散、合併、会社分割、又は事業の全部若しくは重要な一部の譲渡を決議したとき

2　前項に基づいて基本契約が解除されたときは、帰責事由の存する当事者は、他の当事者に対して、基本契約の解除により他の当事者が被った損害を賠償するものとする。

第13条（基本契約の有効期間）　基本契約の有効期間は、契約締結の日より2年間とする。

2　期間満了3か月前までにいずれかの当事者からも、書面による別段の申し出がない場合には、基本契約をさらに1年間延長するものとし、以後も同様とする。

3　基本契約の終結又は解除のときに、すでに成立した個別契約がある場合には、基本契約は当該個別契約の履行が完了するまで、当該個別契約の履行の目的のために、なお効力を有するものとする。

第14条（裁判における合意管轄）　甲及び乙は、基本契約より生じる紛争の一切につき、甲の本店所在地を管轄する地方裁判所又は簡易裁判所を第一審の専属的合意管轄裁判所とする。

第15条（双方協議）　基本契約に定めなき事項又は基本契約の条項に解釈上の疑義を生じた事項については、甲乙協議の上、解決するものとする。

基本契約の成立を証するため、本書2通を作成し、甲乙署名又は記名押印の上、各1通を保有することとする。

令和○年○月○日

神奈川県○○市○○町○丁目○番○号

（甲）　○○商事株式会社

代表取締役　○○○○　㊞

東京都○○区○○町○丁目○番○号

（乙）　××産業株式会社

代表取締役　○○○○　㊞

2 契約書に必ず書くことをおさえておこう

誰が読んでもわかるように、詳細に丁寧に書く

矛盾しないようにする

契約書は、双方の交渉担当者だけではなく、多くの関係者が参照するものです。契約を結ぶ双方の事業者においては、代表権者から一般従業員まで、必要が生じれば参照する可能性があります。

また、契約の内容によっては、弁護士に見せる場合もありますし、監督官庁へ開示しなければならないこともあります。トラブルが起こり、裁判となった場合には、裁判官が契約書を見ることになります。したがって、契約書は誰が見ても同じ解釈ができるように記載する必要があります。複数の解釈がなされる可能性がある用語を使う場合には、契約書上での用語の解釈について定義条項を設けて、用語の意味を明確に定義付けしておくようにしましょう。

また、契約書は論理的に矛盾がないようにしなければなりません。矛盾があると、当事者がそれぞれ都合のよいように解釈してしまい、トラブルの原因となります。特に多くの条項がある契約書では、条項同士に矛盾がないようにしっかりチェックするべきです。

契約書の書き方は特殊なものではない

契約書は、契約においての当事者間の約束事や意思を記載し、書面化した文書です。ビジネスの場面で必ずしも契約書が必要というわけではなく、原則として口頭（口約束）でも契約は有効に成立しますが、近年は、日本のビジネスにおいても、欧米諸国のように書面主義の傾向が強まっています。後々のトラブルを未然に防ぐ意味でも、ビジネスの場面で契約書は必要不可欠なものといえます。

また、契約書の通数については、当事者数分を作成し、当事者全員がすべての契約書に署名押印し、当事者全員が１通ずつ保有するようにすることが、ビジネス上望ましいといえます。

契約書の書式については、決まった書式はありません。民法が定める契約自由の原則に関する「契約の方式の自由」により、自由な書式で契約書を作成することができます（522条２項）。しかし、慣習的に使われている以下のような標準的な書式があり、このような標準的な契約書が一般的にはよく利用されています。

まず「表題」を書きます。「○○売買契約書」「○○基本契約書」など、契約書の内容が一目見てわかるような、表題を付けることが望ましいといえますが、単に「契約書」「念書」などだけでも、契約内容の効力に変わりはありません。契約書にとって一番大事なのは、書かれている内容ですが、だからといって、全く内容とは無関係な表題にすることは、ビジネス上望ましくありません。

次に「前文」を書きます。後から法的トラブルに発展した場合、裁判官などの第三者にもわかりやすいように、契約当事者、契約概要などを記載します。前文が記載されていない契約書も多いのですが、これは日本古来の手法でした。しかし、近年、国際契約様式にならい、前文が記載されることが多くなってきました。

三番目に「本文」を書きます。その契約書独自の契約条件である主要条件と、どんな種類の契約書でも記載される一般条件を、基本的な契約条件から順番に、詳細に記載します。契約書の最重要項目になるので、記載漏れのないよう、慎重に記載する必要があります。

四番目に「後文」を書きます。作成した契約書数や、所持する当事者の情報などを記載します。

五番目に「日付」を書きます。契約書を作成して、署名をした日付を記載します。日付は、法律適用の基準日となると共に、契約の効力そのものに関わる重要な項目になります。

最後に「署名（記名）押印」です。署名は当事者が直筆で氏名（法人の場合は法人名＋代表者名）を記載すること、記名は直筆以外の方法（ゴム印・印刷など）で当事者の氏名を記載することです。署名の方が証拠としての信用力が高いです。また、押印をする場合は、実印を用いるのが一般的であり、その実印の印鑑証明書を契約書に添付します。

■ 契約書サンプル

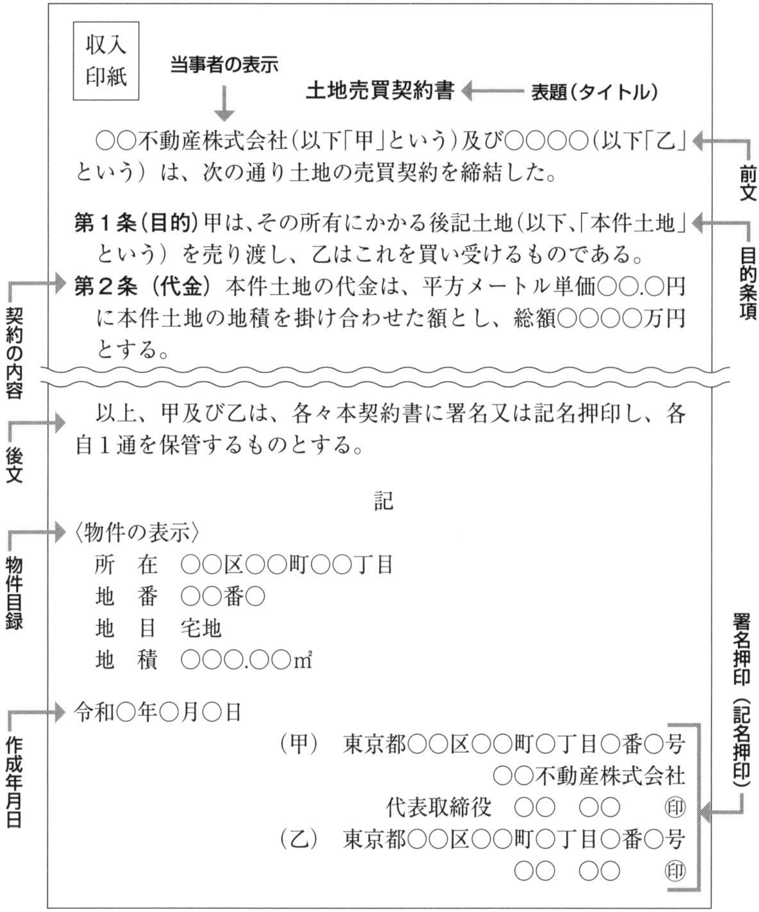

土地売買契約書

〇〇不動産株式会社（以下「甲」という）及び〇〇〇〇（以下「乙」という）は、次の通り土地の売買契約を締結した。

第１条（目的） 甲は、その所有にかかる後記土地（以下、「本件土地」という）を売り渡し、乙はこれを買い受けるものである。

第２条（代金） 本件土地の代金は、平方メートル単価〇〇.〇円に本件土地の地積を掛け合わせた額とし、総額〇〇〇〇万円とする。

以上、甲及び乙は、各々本契約書に署名又は記名押印し、各自１通を保管するものとする。

記

〈物件の表示〉
所　在　〇〇区〇〇町〇〇丁目
地　番　〇〇番〇
地　目　宅地
地　積　〇〇〇.〇〇㎡

令和〇年〇月〇日

（甲）　東京都〇〇区〇〇町〇丁目〇番〇号
〇〇不動産株式会社
代表取締役　〇〇　〇〇　㊞
（乙）　東京都〇〇区〇〇町〇丁目〇番〇号
〇〇　〇〇　㊞

基本事項から記載する

契約書は、第三者が読んでも契約の内容がわかるように、わかりやすい表現で、かつ論理的な文章でなければなりません。契約書をわかりやすく書くために、契約書の条文は、基本事項から順番に記載していきます。その後、個別の事項を順番に記載していきます。

条文の表示の仕方について

契約書は複数の条文によって構成されていますが、各々の条文を論理的に、そして客観的にわかりやすく伝えるために、「条＞項＞号」という階層表現で契約内容を記載します。これは、条文が長くなってしまうことにより、契約内容の解釈をめぐるトラブルに発展することを未然に防ぐため、わかりやすく条文を整理する手段といえます。

まず条文の見出しである「第○条（○○○）」を書きます。「(○○○)」は、誰が読んでも、条文が何の事項を規定しているのかを理解できるように書きます。次に「条」の中身をわかりやすく記載するための「項」を書きます。「項」は「第１項、第２項、…」と各項に分けて書きます。さらに「項」の中身をわかりやすく記載するために「項」ごとに「第一号、第二号、…」と「号」を書きます。

■ 契約書のスタイル

表　　題	契約書のタイトル (商品売買契約書、継続的取引契約書、など)
前　　文	契約当事者、契約概要
本　　文	主要条件、一般条件
後　　文	作成した契約書数、保有する当事者の情報
日　　付	契約書作成日
署名押印	当事者の署名（または記名）と押印

「項」・「号」共に、誰が読んでもわかりやすく、「条」に関連した事項を簡潔にまとめ、すっきりさせるために用いられます。

横書きの契約書の場合、「条」・「項」は算用数字を使い、「号」は漢数字を使います。一方、縦書きの契約書の場合、「条」・「項」は漢数字を使い、「号」は○書き（①②など）を使います。また、金額の数字には漢字を使い、改ざんを予防する場合もあります。なお「項」の第１項の「１」という数字は省略することができます。

そして、契約は相手が存在してはじめて成り立ちます。対象となる契約の相手は、「○○株式会社」のような正式名称や、「甲」「乙」のような略語を使用して表現します。

契約の条項には「主語」となる当事者の側を必ず明記します。「○○株式会社」のように正式名称を用いる場合や、「当事者」「相手方」「開示者」などの立場で表現する場合もあります。「甲」「乙」のように略語を使用して当事者を表現する場合もありますが、その場合、甲と乙が誰なのかを混同しないようにする必要があります。契約書に登場する当事者が三者以上になる場合は、各々の条文の適用を受ける相手が誰なのかを必ず明記することが大切です。

また「○○は甲に」「○○は乙に」という表現を使う場合、「に」という助詞は幅広い意味を持つため、「○○は甲に対し」「○○は乙に対し」のように置き換えて表現することができるときは、そのような表

■ 条文の表示

条 → **第６条（契約解除）** 乙が次の一に該当したときは、甲は催告をせずに直ちに本契約を解除することができるものとする。

号 → 一　３か月分以上の賃料の支払いを怠ったとき

号 → 二　その他本契約の他の条項に違反したとき

項 → **2**　前項の事由により、甲につき損害が生じた場合には、乙は甲に対し、損害賠償責任を負うこととする。

現を使うことが望ましいといえます。

条文では、誰が何をどうするのかということを、はっきりと具体的に明記する必要があります。受動態（受身）の文章ではなく、能動態の文章で書くことも重要です。

一般条項の重要性

契約書には、一般条項を記載します。一般条項（一般条件と呼ぶこともあります）とは、一般的なビジネスの契約において、必ず規定されている条項のことで、契約の種類にかかわらず、必ず取り決めておかなければなりません。

たとえば一般条項には、支払条件、契約期間、契約解除、期限の利益喪失、不可抗力、秘密保持義務、損害賠償、準拠法、個人情報の取扱いなどがあります。

このように、一般条項は、ビジネス上の契約だけでなく、一般的な契約においてもほとんど規定されている条項です。しかし、一般的によく見られる条項であるからといって、内容をよく検討しないまま漫然と規定することのないようにする必要があります。契約内容によっては、一般条項の内容も異なる場合が多いので、一般条項だからと軽く考えるのではなく、当事者間での交渉過程において、慎重に決定する必要があります。一般条項についても、それぞれリスクを背負う必要があるので、慎重に検討し、契約書を作成することが重要です。

第三者への委託条項とは

第三者への委託とは、元々の契約において、ある業務の処理を委託する内容の契約である場合に、受託者が、その業務について、さらに別の第三者に、その業務の処理を委託することをいいます。

第三者への委託が認められる場合、受託者は、必ずしも自身で業務を処理する必要はありませんので、取り扱うことができる業務の幅が広がるというメリットがあります。しかし、その反面、本来であれば、契約の当事者しか知らない情報について、第三者も知ることになりますので、情報漏えいのリスクが高まることには注意が必要です。そのため、契約の種類によっては、第三者への委託が認められるべきではないケースがあります。たとえば、顧問契約やコンサルタント契約などは、その業務を第三者に委託されてしまうと、契約を結んだ意味がなくなってしまいます。

このような契約の履行を、特定の個人や団体にのみに限定させたい場合は、第三者への委託はできないことを、契約書に加えておく必要があります。反対に、第三者への委託を可能とする場合は、第三者へ委託してよいとする範囲を明確にすると共に、受託者（第三者へ委託をする側）および第三者（受託者から委託を受けた側）が負う義務についても明記しておきましょう。

管轄裁判所を決めておく条項

合意管轄条項とは、契約当事者間で紛争が起きた場合に、どこの裁判所に訴えを提起するか（第一審の管轄裁判所をどこにするか）という「管轄裁判所」について取り決めた条項です。

管轄裁判所は、民事訴訟法によってあらかじめ決められており、被告（民事訴訟における訴えられた側）の住所地・所在地を管轄する裁判所や、債務の履行が行われる場所を管轄する裁判所などに訴えを提

■ 合意管轄条項

（合意管轄）本契約より生じる法律関係の訴訟については、甲の本店所在地を管轄する地方裁判所及び簡易裁判所を第一審の専属的合意管轄裁判所とする。

起する必要があります。しかし、民事訴訟法は、第一審の管轄裁判所に限り、あらかじめ当事者の合意によって指定しておくことができると共に、この合意は書面でしなければ効力を生じないと規定しています。そのため、契約当事者間で第一審の管轄裁判所に関する合意をした上で、契約書に合意管轄条項を設けておくことが一般的です。

契約当事者間で紛争が生じた場合、最終的な紛争解決手段としては、第一審の管轄裁判所に訴えを提起して、その裁判所による裁判が行われるのが通常です。しかし、契約の相手方が遠隔地にあり、その遠隔地にある裁判所に訴えが提起されて訴訟が係属した場合、交通費や時間の負担が大きくなることから、特に企業間の取引や企業と消費者との間の契約においては、自分または双方の契約当事者に都合のよい場所に所在する裁判所を第一審の管轄裁判所として、契約書の合意管轄条項で定めておくことが重要です。

「専属的」という記載

契約書に合意管轄条項を設ける際には、「専属的」という言葉を入れて「専属的合意管轄」の条項をすることが多いです。専属的合意管轄の条項とは、訴えの提起が認められるのは、契約書で定めた合意管轄裁判所のみであるということを意味します。

契約書に「専属的」という文言が入っておらず、単に合意管轄についての条項を設けた場合には、非専属的な合意管轄条項であるとされます。この場合は、契約時に合意した管轄裁判所の他に、民事訴訟法で認められている裁判所にも訴えを提起して、裁判を受けることが可能となってしまいます。

これでは、わざわざ合意管轄条項を設ける意味が失われてしまうことから、契約書では「○○裁判所を専属的合意管轄裁判所とする」旨を明示しておきましょう。

3 契約書の表題の書き方

トラブルを避けるため表題は契約内容を反映させる

表題と内容は一致させるべきか

契約書の表題には、原則として法的拘束力がありません。契約書において、重要かつ法的拘束力を持つのは、当事者の権利や義務を具体的に規定した本文であるからです。契約書は、表題によって効果が左右されるわけではありません。

しかし、いくら表題に法的拘束力がないとはいえ、全く契約に関係のない表題を付けるのは、ビジネス上のマナーとして望ましくはありません。特に、法的トラブルになった場合、契約書の表題が内容と全く違うことにより、裁判官に全く違った契約内容の印象を与えてしまうことが考えられます。また、表題が契約内容とかけ離れていることにより、当事者間の意識の違いが生まれ、契約書としての効力を発揮できない可能性もあります。

したがって、契約書の表題は、契約内容を反映した、わかりやすいものにする必要があります。もし、特定の表題が思いつかないようなビジネス内容の場合は、単に「契約書」という表題でもかまわないでしょう。当事者間の契約内容に関する書類であることが、誰の目にも明らかな表題にすることが重要です。

また、合意書、念書、確認書、覚書なども、その内容は法的拘束力を持ちます。内容が契約の成立である限り、正規の契約書としてみなされます。「契約書」と書いてないからといって、軽々しく扱うのではなく、契約書と同様の慎重な扱いをすることが大切です。

よく間違えやすい表題の例として、「代理店契約」と「販売店契約」があります。この2つは一見すると同じ契約のように思われがちですが、実際は全く違った内容の契約になります。

代理店契約とは、商品の供給者から委託を受けて、特定の商品を販売する契約で、商品在庫を抱えるリスクがない代わりに、販売手数料のみの利益となる契約のことです。

販売店契約とは、商品の供給者から商品を仕入れて販売する契約で、仕入価格と販売価格の差額が、すべて販売店の利益になる代わりに、商品在庫を抱えるというリスクを背負う契約のことです。

代理店契約と販売店契約は、法律による明確な定義がありません。しかも、前述のとおり契約書の表題自体にも法的拘束力がないため、代理店契約と表題に書いてあるのに契約内容は販売店契約になっていたり、またその逆であったり、悪質な契約を結ばせようとする業者もいるので、契約内容を十分に確認するよう注意が必要です。

■ 表題と内容のポイント

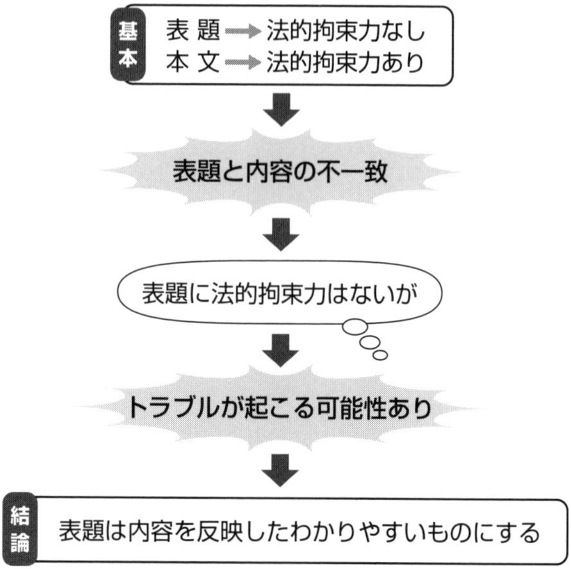

4 前文・目的・定義・後文の書き方

トラブル時に重要な部分となる場合があるので慎重に作成する

前文の書き方

「前文」は契約の当事者、契約のあらましを述べる部分です。「本文」で契約の細かい項目を挙げていくので、その前置きとして、誰と誰が、どういう事情で、どのような契約を結ぶのかを簡潔に示します。

当事者の表記は、「株式会社○○（以下、「甲」という）と山田太郎（以下、「乙」という）」のように、当事者を「甲、乙」のような略語で置き換えるのが通常です。このようにすることで、会社名や名前を何度も記述する手間が省け、契約書面が煩雑にならずにすみます。

当事者が大手企業の特定の部署の場合は、会社名だけでなく、部署名まで明記しておく必要があります。たとえば、「○○株式会社 山田太郎」のように、当事者が会社であるとも、個人であるとも解釈できるあいまいな表記は避けなければなりません（特に法人と契約する場合は、必ず氏名の前に「代表取締役」などの役職名を入れます）。

前文は基本的には簡単な内容でかまいませんが、たとえば、交通事故の示談書や、企業間トラブル解決の和解書など、契約前に起こった事柄を踏まえて、契約を結ぶ場合は事情が異なります。その際は、「前文」で、契約を結ぶに至った前提事項や経緯を明確にしておく必要があります。

目的の書き方

契約締結の目的について述べるのが「目的条項」です。前文で契約の目的を記載することもありますが、そうすることで前文が長くなってしまう場合は、本文の第１条で目的を明確にしておくのが一般的です。たとえば、「第１条 甲はその所有する標記物件（以下「本物件」という）を、居住を目的として乙に賃貸し、乙はこれを賃借することを約する」というような具合です。

「目的条項」では、契約の目的に加えて、契約当事者の権利と義務を簡潔に記載することもありますし、「信義誠実条項」を入れる場合もあります。たとえば、「共存共栄と相互の繁栄を図る」「信義に則り、誠意に本契約を履行する」といった表現がそれにあたり、日本の契約書にはよく見られますが、それ自体に法的拘束力はありません。慣行程度のものと考えてよいでしょう。

前文・目的条項は、定義条項や本文ほど法的に見て重要ではありませんが、トラブルが起きて裁判になり、当事者間で契約書の解釈の違いが出た場合は、前文・目的条項に及んで検討することがあります。

しかし、たとえばソフトウエア使用許諾など、「知的財産権」については状況が異なる場合もあります。この分野については、慎重な対応がとられるようになってきていますが、保護する法律など、整備が追いついていない部分があるため、前文・目的条項であっても重要な内容を含んでいる場合があります。例として秘密保持契約を挙げることができます。秘密保持契約とは、ある技術等に関する情報を「秘密」として、契約の相手方に対して、当該情報の外部への漏えい等を禁止する契約です。また、秘密とされている情報の利用についても、目的外利用は即座に契約違反と扱われるため、前文・目的条項が契約違反の有無を判断する上で、非常に重要な役割を担います。

定義の書き方

「定義条項」とは、人によって解釈の違いが出てしまいそうな用語を定義付けておく項目です。トラブルが起きて裁判になった場合、法律用語などのように意味がはっきり決まっているものはよいのですが、人によって解釈が異なる用語は、きちんとその内容を示しておく必要があります。この作業を怠ると、用語の解釈で不利な立場になってしまうケースもあるからです。

業界用語は特に要注意です。契約を結ぶ当事者同士では共通認識であるとしても、トラブルが発生した際に契約書に目を通すのは、弁護士や裁判官です。業界に明るくない第三者でも用語の内容を誤認しないよう、定義条項を規定しておくことが大切です。

また、誰もが慣習的に使っている用語も、人によって解釈が異なることは少なくありません。細心の注意を払っておきましょう。

用語の定義付けをする際は、民法など法律の条文の定義を参考にして、客観的で信憑性のある規定を作成しなければなりません。

後文の書き方

後文は契約書の締めにあたり、契約が締結された旨、契約書の保有者、契約締結の日付を記載します。「本契約を証するため本書２通を作成し、甲、乙署名又は記名押印の上、各々その１通を保有する」など、ごく簡単に述べ、契約者の署名欄の上に、日付を記入しておくのが一般的です。また、場合によっては、署名することで契約が成立した旨を記載しておくこともあります。

■ 前文・目的・定義・後文のポイント

前　文	契約の当事者　契約の経緯 （誰と誰が、どのような経緯で、どのような契約を締結するのか）
目　的	契約締結の目的 （契約の解釈の確認）
定　義	用語の定義付け （用語の解釈の確認）
後　文	契約締結の旨　契約書の保有者

契約書は契約を結んだ証拠となりますので、当事者の数だけ作成し、署名をして、それぞれが保有しておくというのが、一般的なルールです。そのため、契約書が全部で何部存在し、誰が何部持っているかの情報の明記が必要になるわけです。

また、契約を結んだ日（通常は署名・記名押印をした日付）は、時効の起算点を確定したり、契約期間を換算する際に、非常に重要となりますので、部数同様に必ず記載します。

■ 前文のサンプル

○○商事株式会社（以下「甲」という）と××産業株式会社（以下「乙」という）とは、甲の製造する後記製品（以下「本件商品」という）の乙に対する継続的供給に関し、基本となる契約（以下「基本契約」という）を次の通り締結する。

■ 目的のサンプル

（目的）甲及び乙は、甲乙間の取引につき、相互の利益を確保し、本契約につき信義誠実に履行し、公正な取引関係を維持することを目的とする。

■ 定義のサンプル

（定義） 秘密情報とは、甲が秘密として指定した乙の管理する情報をいう。

■ 後文のサンプル

本契約の成立を証するため、本書２通を作成し、甲乙署名又は記名押印の上、各１通を保有することとする。

5 目的物・業務内容・対価・支払方法・不可抗力条項の書き方

契約書において重要なポイントをおさえておく

目的、業務内容、対価、支払方法に関する条項

売買契約や請負契約、賃貸借契約などにおいて、契約書を作成する上で非常に重要となるのが、①目的物、②業務内容、③対価、④支払方法の記載です。

① 目的物に関する条項について

売買契約や賃貸借契約については、①目的物がはっきりとしていなければ契約として成立しません。特に目的物を実際に引き渡す段階で、どのような状態で引き渡すべきなのかという点が、各種の契約において問題になることが少なくありません。

目的物が市場に代替品が存在するものである場合（不特定物または種類物といいます）には、目的物に傷や不具合などの欠陥がある場合には、代替品を市場から調達することが可能であることから、欠陥のない物を引き渡すべきことになります。

しかし、目的物が、美術品や中古品など、その個性に着目して決定された物である場合（特定物といいます）には、代替品を市場から調達することはできません。そこで、民法は、特定物の引渡しについては、契約や取引上の社会通念などに照らして「引渡しをすべき時の品質を定めることができない」場合には、引渡し時の現状でその物を引き渡すべきであるとしています。つまり、契約や取引上の社会通念などに照らして引渡し時の品質を定めることができる場合は、それを尊重すべきことになるわけですから、契約条項の中で引渡し時における特定物（目的物）の品質を取り決めておくことが重要です。

②　業務内容に関する条項について

次に、②業務内容ですが、これは主に請負契約や委任などの委託契約について必要な事柄です。どのような仕事の完成を依頼するのか、またはどのような役務（サービス）の提供を依頼するのかを明記しておかなければ、これらの契約をする意味がないからです。

③　対価および④支払方法に関する条項について

③「対価」とは、売買・賃貸・請負・委託などの遂行に対して支払う金銭を指します。これについては細かい注意事項がありますので、注意する必要があります。

対価については、契約した対価の他に、重要な取決めをしておかなければなりません。たとえば、対価に税金は含まれるのか、送料など諸費用はすべて含まれるのか、または別途請求となるのかについても双方で話し合い、明確にしておく必要があります。

④支払方法については、対価を現金で支払うのか、振込にするのか、手数料の負担はどちらか、または手形で支払うのかということを明記しておきます。

不可抗力条項とはどんな規定なのか

不可抗力条項とは、不可抗力によって債務不履行の状態に陥った場合は、債務不履行責任（損害賠償責任など）を負わない（免責）とす

■ 対価及び支払方法に関する条項の例

（賃料及び支払方法）本契約に基づく賃料は、１か月につき金○○万円とする。
２　賃料の支払方法につき、乙は、毎月末日限り翌月分を甲の指定する銀行口座に振り込む方法にてこれを行うこととする。振込手数料は乙の負担とする。賃料の持参は、これを受け付けないものとする。

る規定です。不可抗力免責条項ともいいます。

ここでいう「不可抗力」とは、当事者双方の責めに帰することができない（落ち度のない）事由によって起こった、債務不履行を免れる事情のことを意味します。

何が「不可抗力」に該当するかについては、具体的に法律で定められているわけではありません。典型例としては、大地震や台風などの天災や、法令改正、戦争・テロなどが挙げられますが、契約の当事者間で紛争が生じることをあらかじめ防ぐためにも、「不可抗力」に該当する自由を具体的に契約書に列挙して記載するべきでしょう。

なお、民法は、金銭債務（金銭の給付を目的とする債務）は、不可抗力を理由としても免責されない（債務不履行責任を負う）としています。そのため、金銭債務以外の債務であれば、不可抗力を理由に免責されうる（債務不履行責任を負わない）ことになります。

不可抗力条項を定めても、金銭債務については不可抗力を理由に免責されませんので注意が必要です。また、債務者が不可抗力条項により免責されるとしても、債務の履行が不可能であれば、債権者は契約解除をすることができる点に留意する必要があります。

■ 不可抗力条項の例

（不可抗力による履行遅滞等） 天災地変、戦争、暴動、テロ、輸送機関の事故、その他甲乙双方の責めに帰することができない事由により、この契約の全部又は一部が履行遅滞又は履行不能になったときは、甲及び乙は責任を負わない。

6 債務履行の期日に関する条項の書き方

当事者の合意で条件や期限を設けることができる

債務の履行に関する条件や期限

債務の履行に関して、契約書に一定の条件や期限が設けられていることがあります。

たとえば、売買契約における債務は、売買しようとしている目的物について、「売主は目的物の引渡しをする」という、売主の目的物引渡し債務と、「買主は代金を支払う」という、買主の代金支払債務の２つが存在します。そして、売主の目的物引渡債務については、「いつ（までに）」「どのような方法で」引渡しをするのか、という点を明確に取り決めておく必要があります。また、買主の代金支払債務についても、「いつ（までに）」「どのような方法で」支払うのか、という点を取り決めておく必要があります。債務に関する条件や期限は、売買契約を行う際に売主・買主双方の合意の下に設けることができます。しかし、条件や期限などが明確に設けられていない場合、たとえば「売主が引渡しを申し出た時点で買主は代金の支払いをしなければならない」という契約のときは、売主が申し出た時点での支払いに買主側も応じなければなりません。

また、逆に「買主が代金を支払った時点で売主は引渡しをしなければならない」という契約のときは、買主が代金支払いを行った時点で売主は引渡しに応じなければならないことになります。

両者は契約内容の見方によって、それぞれが債権者・債務者になります。それぞれの権利を行使しているだけでは契約をスムーズに進行させることはできません。明確な契約を結んでおかないと、損害賠償などに発展することもあります。

履行期日について

履行期日とは、債務者がその債務を履行しなければならない日時のことです。「10日までにAは商品を発送することになっている。商品が届いた後、30日までにBは代金を支払う契約になっている」ような場合、A・B両者共に債務者となり、それぞれに果たさなければならない義務が生じています。Aの債務履行期日は10日となり、Bの債務履行期日は30日となります。

契約において、約束の期日が来ても履行されない場合は、「履行遅滞」となり、債務不履行責任が生じます。履行遅滞では、「履行期」がいつ来るのかが重要になります。上記事例の「10日まで」などのように、確定的な期限（確定期限）がある場合は、その期限が到来した時から履行遅滞の責任が発生します。また、不確定な形でしか期限が定められていない場合（不確定期限の場合）は、その期限が到来した後に履行の請求を受けた時、またはその期限の到来したことを知った時のいずれか早い時から履行遅滞の責任が発生します。さらに、期限の定めがない場合は、債権者から請求を受けた時から履行遅滞の責任が発生します。

債務はどこでどのように履行すべきか

債務の履行に関して、債務の消滅にポイントを置くと、債務を消滅させる行為は、弁済と呼ばれます。実際には弁済と履行とは同義で用

■ 目的物の引渡し条項の例 ……………………………………

（目的物の引渡方法）本契約の目的物の引渡しは、令和○○年○月○日限り、乙の本店所在地においてなすものとする。引渡しは、現実に行うこととする。

いられています。弁済の場所に関して、民法は「弁済をすべき場所について別段の意思表示がないときは、特定物の引渡しは債権発生の時にその物が存在した場所において、その他の弁済は債権者の現在の住所において、それぞれしなければならない」と規定しています。

民法が定めている「債務の履行地」とは、債務を行うべき場所のことを指します。たとえば特定物の売買契約の場合、債務履行地が示されていなければ、目的物の引渡しはその目的物がある場所で行い、代金の支払い（弁済）は売主（債権者）の所在地で行うと、民法では規定しているということです。売買契約書の作成において、履行地の記載は必須ではありませんが、スムーズな目的物の引渡しや代金の支払いができるよう、契約書に記しておいた方がよいでしょう。

なお、弁済の提供（履行の提供）とは、債務者として必要な行為をして、債権者の協力を求めることをいい、原則として現実の提供（債権者の目の前に給付すること）が要求されます。この弁済の提供を行うことにより、民法では「債務を履行しないことによって生ずべき責任を免れる」と規定しています。つまり、弁済の提供を行うことで、債務者は履行遅滞責任（債務不履行責任の一類型）を負う必要がなくなり、自己の果たすべき債務を一応果たしたと認められます。

履行地や履行の方法、履行の条件などについては、契約条項の中に明確に組み入れておいた方が、債務を履行する際のトラブルが少なくなります。法律解釈にはさまざまあり、債権者と債務者の立場の違いなどによって、債務の履行についての場所や期日、条件などが変わってくるからです。法律（債務に関しては民法）の適用は、数多くある事例をあてはめて行うものです。事例そのものが法律として成立しているわけではありません。過去の裁判例を参考に裁判所が判断を下すことも多くありますが、状況や内容などによって法律解釈はさまざまです。トラブルを起こさないためにも、契約書によって売主・買主双方が、売買契約に関する合意内容を明確にする必要があります。

7 期限の利益喪失条項の書き方

期限の利益を失わせる必要がある事態を具体的に記載する

期限の利益とは

期限の利益喪失条項は、主に金銭の貸し借りに関する契約書である「金銭消費貸借契約書」に見られる条項です。期限の利益とは、債務の支払期限が到来するまでは、債務者は借りた金銭を返さなくてもよく、返済を請求されないという、弁済の期限が与えられる利益のことです。ローンなどでお金を借りた債務者は、返済期限の前には債務者に対して返済をしなくてもよいということです。債権者は、期限の利益を債務者に与えている代わりに、債務者から利息を受けるのが一般的です。

期限の利益喪失条項とは

債権者が一方的に期限の利益を喪失させることはできません。つまり、契約で弁済の期限を定めた場合、債務者に期限の利益が与えられる結果、債権者は、弁済期限が到来するまでは、債務者に対して弁済を請求することはできないのです。

しかし、毎月の弁済期限に決められた額を返済しない場合、破産手続開始の決定を受けた（倒産した）場合など、債務者の一定の事由が生じた場合は、その債務者の期限の利益を失わせて、残りの債務を直ちに履行させることができなければ、債権者は、債務者から弁済を受けることができないおそれがあります。

そこで、民法は、①債務者が破産手続開始の決定を受けたとき、②債務者が担保を滅失させ、損傷させ、または減少させたとき、③債務者が担保を提供する義務を負う場合において、これを提供しないとき、のいずれかのケースに該当する場合には、債務者は期限の利益を主張することはできないとしています（137条）。

しかし、この３つのみでは実務上は不十分です。そのため、契約の実務上は、債務者の現実の信用不安や契約違反など、民法の規定以外の場合にも期限の利益が失われるケースを具体的に明記した、「期限の利益の喪失条項」を契約書に規定することが一般的です。

期限の利益が喪失した場合、債務者は、残りの債務を直ちに全額弁済しなければなりません。

なお、期限の利益を喪失させる必要がある状況では、もはや契約を存続させる必要はないので、期限の利益の喪失条項と契約解除条項を一緒に規定することも多いです。

■ 期限の利益の喪失

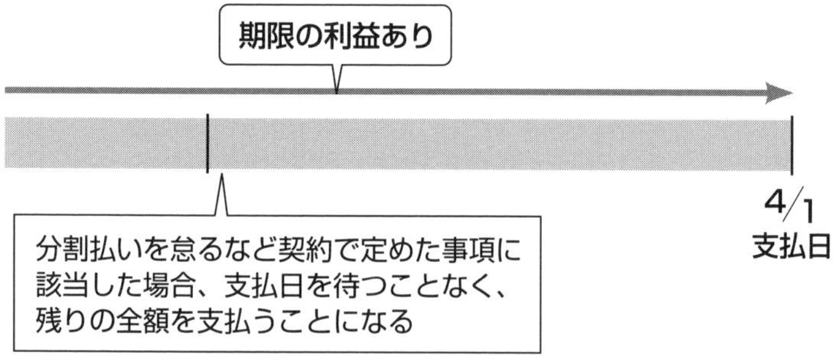

■ 期限の利益喪失条項

（期限の利益喪失）乙又は丙が下記の一に該当した場合には、甲は、何ら催告をせず、乙において、当然に期限の利益を失わせ、乙及び丙は、本件契約に基づき甲に対して負担する残債務全額を直ちに弁済することとする。

8 契約の履行に関わる民法の規定について知っておこう

問題となる事項については契約書で決めておくことが大切

同時履行の抗弁権とは何か

双務契約（契約当事者が、お互いに対価的意義をもつ債務を負担する契約のこと）の当事者の一方が、相手方が債務の履行を提供するまで、自己の債務の履行を拒むことができる権利を同時履行の抗弁権といいます。たとえば、売買契約の履行期に、買主が代金を提供せずに「○○を引き渡せ」と主張してきたとき、売主は「代金を支払わなければ、○○は引き渡さない」と主張（抗弁）して、相手方の一方的な権利行使を阻止することができます。裁判で同時履行の抗弁権が主張されたとき、裁判所は、給付と引き換えの履行を命じる判決（引換給付判決）を下します。

民法の規定により同時履行の抗弁権が認められる場合として、解除による原状回復義務、負担付贈与、終身定期金契約の元本返還義務などがあります。また、当事者双方の「債務の履行」について、「債務の履行に代わる損害賠償の債務の履行」についても、同時履行の関係に立ちます。たとえば、請負人の契約不適合責任に基づく損害賠償債務と注文者の報酬支払債務とが、同時履行の関係にあります。

一般的には、①同じ双務契約から生じた両債務が存在し、②履行期が到来している場合において、③相手方が自己の債務を履行またはその提供をしないで履行請求してきたときに、同時履行の抗弁権が成立します。双務契約上の債務であっても、一方の債務が先に履行しなければならないものであるときは、同時履行の抗弁権は成立しません。

危険負担とはどのようなものか

危険負担とは、双務契約の成立後、債務者に落ち度（帰責事由）なく一方の債務が消滅した場合に、他方の債務は存続するのかという問題です。たとえば、売主Ａが甲家屋を買主Ｂに売却する契約を締結後、甲家屋が落雷で全焼した場合、Ａの家屋移転義務は履行不能となり消滅するのに対し、Ｂの代金支払義務は残るのかという問題です。危険負担の問題について、改正前の民法は、双務契約においては、双務契約の成立後、一方の債務が債務者の落ち度なく消滅した場合には、他方の債務も消滅するのを原則としていました。これを危険負担における債務者主義といいます。

かつては、「特定物に関する物権の設定又は移転を双務契約の目的とした場合」は、一方の債務が債務者の落ち度なく消滅した場合でも、他方の債務は残るとしていました。これを危険負担の債権者主義といいます。前述の事例は「特定物（家屋）の物権（所有権）の移転」にあたるので、債権者主義が適用され、Ｂは、甲家屋の所有権を取得できないのに、Ａに対し代金を支払わなければなりませんでした。

しかし、家屋は全焼しているので、その引渡債務は履行不能の状態です。しかも原因は自然災害ですので、売主には落ち度がなく、買主

■ 債務者主義における履行拒絶権

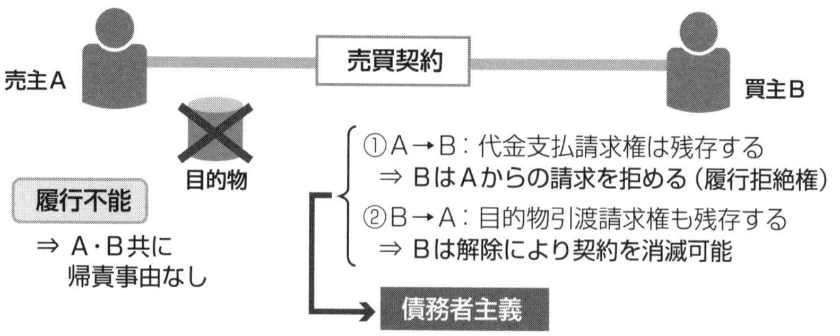

に対し債務不履行責任を負うことはありません。ところが、目的物が特定物であるのか否かによって、買主の代金支払義務の行方が左右され、特に住宅等のように高額になり得る特定物の売買に係る取引において、買主が目的物を得られないのに代金を支払わなければならないというのは、あまりに不当な結論であると批判されていました。

現在の民法では、危険負担について「当事者双方の責めに帰することができない事由によって債務を履行することができなくなったときは、債権者は、反対給付の履行を拒むことができる」(536条1項) と規定しています。つまり、契約の目的物が特定物であるか否かに関係なく、両当事者の落ち度（帰責事由）がない事情により、売主の買主に対する目的物引渡義務が履行不能となった場合、買主は売主への代金支払いを拒否できます。

なお、民法は、「反対給付の履行を拒むことができる」と定めており、反対給付を行う義務が消滅するのではなく、履行拒絶権が発生するとしています。また、履行不能に基づく契約の解除について、債務者の落ち度（帰責事由）を要件にしていません。そこで、前述の事例の買主Ｂは、履行拒絶権として売主Ａに対する代金の支払いを拒否できますし、契約を解除して代金支払債務を消滅させることも可能となります。

よって、危険負担の債権者主義を採用したい場合には、危険負担条項を設ける必要があります。

売主の契約不適合責任とは

売買などの双務契約では、両当事者の負担する債務は同等の価値をもつものとされています。つまり、売主の目的物引渡義務と買主の代金支払義務は、目的物と代金のバランスがとれていなければなりません。そうだとすると、目的物にキズや不具合があり、そのバランスが崩れてしまったとき、売主は損害賠償や代金減額などによって、それを埋め合わせなければなりません。また、キズや不具合により買主が契約目的を達成できないときは、買主に対し契約解除権を認める必要もあるでしょう。

そこで、民法は、契約不適合責任という規定を設け、引き渡された目的物が種類・品質・数量・権利に関して契約の内容に適合しない（契約不適合）場合に、買主の請求権を定める形で売主の責任に関する制度を整えています。また、買主の請求権として、追完請求権、代金減額請求権、損害賠償請求権、契約解除権という4つの手段が用意されています（562条～564条）。ただし、契約不適合について落ち度（帰責事由）がある買主は、追完請求権、代金減額請求権、契約解除権を行使できないという制約があります。

このうち、追完請求権とは、売主に対して目的物の修補、代替物の引渡し、不足分の追加引渡しを請求できる権利です。代金減額請求権とは、ⓐ追完を催告したのに売主が適切な追完を行わない場合、ⓑ履行の追完が不可能な場合、ⓒ売主が履行の追完を拒絶する意思を明確に表示した場合などに、追完が行われないことによる不適合の程度に応じて、売主に対して売買代金の減額を請求できる権利です。

■ 契約不適合の目的物を引き渡された買主の採り得る手段 ……

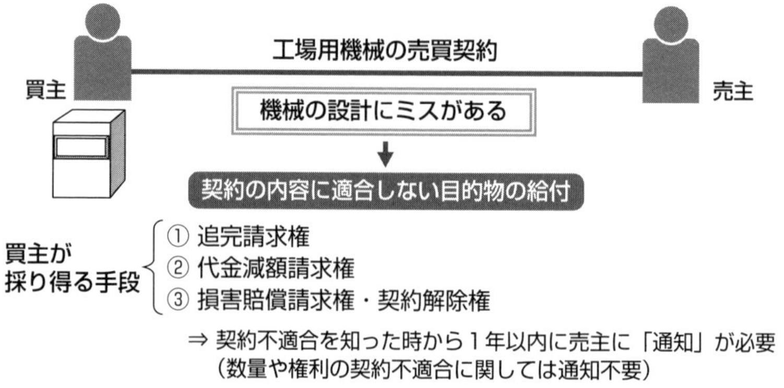

代金減額請求権を行使するには、まずは相当の期間を定めて履行の追完を催告することが原則とされていますが、履行の追完が不可能なときや、売主が履行の追完を拒絶する意思を明確に示したときなどは、買主は直ちに代金の減額を請求できます。

また、民法における契約不適合責任については、契約の種類または品質が契約の内容に適合しないことを理由として、各請求権を行使する（履行の追完請求、代金減額請求、損害賠償請求、契約の解除をする）場合、買主は、不適合を知った時から１年以内に、不適合であることを売主に「通知」しなければ、各請求権を行使できません（566条）。売主に通知を行うことによって、買主の各請求権が保全されますので、債権の消滅時効の期間内（買主が不適合を知った時から５年間または売買契約の成立時から10年間）に、買主は、各請求権を行使できます。

以上の売主の契約不適合責任は任意規定ですので、当事者の特約でこれを負わない（免責）と契約書に定めることもできます。ただし、売主が不適合を知りながら買主に告げなかった場合、売主が自ら目的物を第三者に譲渡した場合、売主が自ら目的物に抵当権などを設定していた場合には、免責の特約があっても、売主は契約不適合責任を負うことになる点に注意する必要があります。

債務不履行となるのはどんな場合か

当事者が契約で定めた内容に従った給付（物品の引渡し、工事や一定の作業の完成、業務の遂行など）がなされないことを、債務不履行といいます。債権者は、債務者に対して、原則として、債務不履行によって生じた損害の賠償を請求することができます（損害賠償請求権、民法415条）。

債務不履行を理由に、債務者に対して損害賠償責任を追及するためには、①債務不履行の事実があることに加えて、②履行しないことが違法なこと、③債務不履行につき債務者に落ち度（帰責事由）があることが必要です。

このうち②の要件は、債務者が同時履行の抗弁権（41ページ）を債権者に対して主張できる状態にないことを意味します。たとえば売買契約の売主が、代金を支払わない買主に対して損害賠償責任を追及しようとしても、売主が品物を引き渡しておらず、買主が「品物を引き渡さ払わなければ、代金を支払わない」という同時履行の抗弁権を主張できる状態であれば、②の要件を満たさないことになり、売主は損害賠償請求権を行使できません。

③の要件については、債務者が自らに帰責事由がないことを立証すべきものと位置付けられています。債務不履行の事実は債務者が発生させたものであって、債務者の側に帰責事由がないことを立証させる責任を負わせるのが当事者の公平に資するからです。債権者の側としては、債務者に帰責事由があることを積極的に主張しなくても、損害賠償請求権を行使できることになります。

また、債務不履行の態様は、履行遅滞、履行不能、不完全履行という３つに分類して理解されています。債務不履行がどの態様に当てはまるのかによって取扱いが異なります。

・履行遅滞

約束の期日が来ても債務が履行されない場合が履行遅滞です。履行遅滞では「履行期」がいつ来るのかが重要です。これに関して、確定期限がある場合は期限が来た時から、不確定期限がある場合は期限の到来を知った時または期限到来後に履行の請求を受けた時から、期限の定めがない場合は期限到来後に履行の請求を受けた時から、それぞれ履行遅滞の責任を負います（37ページ）。

・履行不能

履行が不可能となった場合が履行不能です。民法は、「債務の履行が契約その他の債務発生原因及び取引上の社会通念に照らして不能である」場合が履行不能であるとしています（412条の２第１項)。履行不能は履行期が来なくても起こり得るのが特徴です。たとえば、１つの不動産を２人の買主に譲渡した（二重譲渡）というケースで、一方の買主に対して不動産の所有権移転登記を済ませてしまった場合は、他の買主に対する債務は履行不能になります。

・不完全履行

一応、履行されるにはされたのですが、どこか足りない部分があるという場合が不完全履行です。つまり、履行遅滞と履行不能を除いた完全履行でない場合がすべて不完全履行に含まれます。給付された目的物が不完全な場合は、それを完全なものにできるのであれば、債権者としてはまず債務者に「追完」を請求すればよいでしょう。追完とは、読んで字のごとく「追って完成させる」という意味です。追完が不可能であれば、債務不履行として損害賠償を請求するか、契約を解除するしかありません。

なお、給付が不完全であったために、他に損害が及んでしまったという場合には、不法行為責任も成立しえます。

損害賠償額の予定について

損害賠償に関しては民法に規定があるので、あらかじめ契約書に明記しておかなくても、相手方（債務者）に損害賠償請求をすることができます。しかし、請求に際しては、請求する側（債権者）が、発生した損害額を具体的に算定して立証する必要があることから、時間や手間がかかりますし、具体的な金額の算定や立証が難しいというケースもあり得ます。そこで、契約時に損害賠償額を予定して契約書に記載しておくことで、損害が発生した場合には、損額額の算定をすることなく、債務者に対して、予定しておいた賠償額の請求をすることができます。

このように、最初から損害賠償の額を定めておくことを損害賠償額の予定といいます。契約書に損害賠償の額を予定して定めておけば、損害額の面倒な算出をしなくてすみます。しかし、注意すべきことは、いったん賠償額の予定をしてしまうと、実際の損害額が予定額より高額になったとしても、基本的には予定した金額しか請求ができない点です。

逆にいえば、損害額が予定額未満であっても、予定した金額を損害賠償として請求できることになります。とはいえ、賠償額は無制限に高い金額を予定できるわけではありません。度を越えた高額を定めた場合は暴利行為とみなされて、民法90条（公序良俗違反）を根拠として、賠償額の定めが無効になることがあります。さらに、労働基準法、宅地建物取引業法、消費者契約法などの法律には、特に損害賠償の予定を制限する規定があります。よって、これらの法律が適用される取引をする際には、損害賠償の予定に関する規定に注意する必要があります。

なお、民法は、損害賠償額の予定が取り決められている場合において、裁判所がその賠償額を増減することを禁止していません。しかし、裁判所が賠償額を調整するには公序良俗違反などの理由が必要であり、裁判になったとしても賠償額が常に調整されるわけではないと考えられています。

■ 損害賠償額の予定

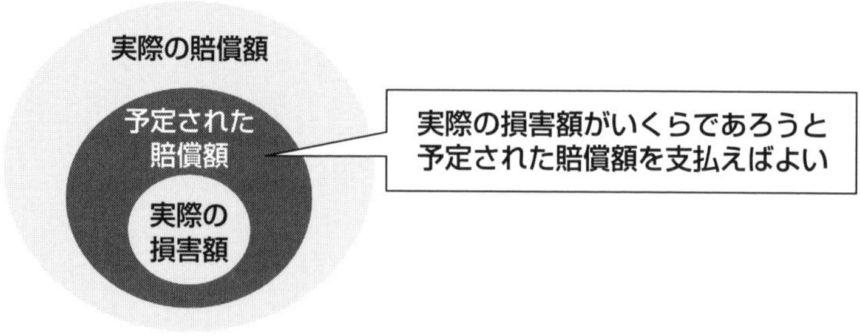

9 契約の解除に関する条項と手付の取扱条項の書き方

契約の解除に備えて手付が交付される場合もある

どのような場合に契約を解除できるのか

契約締結後は、お互いに信義を守り、誠実に履行しなければならないはずです。もちろん、両当事者が納得して「この契約は、なかったことにしよう」というのであれば、契約をなかったことにできます。これを合意解除といいます。当事者が「こういう場合には契約を解除することができる」というように、合意によって契約の解除条項（次ページ図）を設けた場合には、その事由が発生すれば契約の解除権が発生することになります。

そのような場合でなくても、当事者の一方が自分だけの意思表示によって、相手方に対して、契約をなかったことにすると宣言できる場合があります。これを法定解除といいます。本来、守らなければならない契約関係を、一方的にやめるわけですから、法律の定める理由がなければ法定解除はできません。民法では、債務者に債務不履行が認められる場合（45ページ）、一定の要件を満たすときに、債権者が契約を解除することを認めています。有効な契約の解除によって、その契約は当初からなかったことになります。

たとえば、ＡがＢ中古車店から希少なクラシックカーを150万円で購入し、納車を10日後とする売買契約を締結した場合を考えてみましょう。Ａは契約締結日にＢ店に対して購入代金の支払いを済ませましたが、納車日から日数を経過しても、Ｂ店が一向にクラシックカーを引き渡さないとします。このとき、Ａが売買契約をなかったことにして、支払った代金の返還を望む場合に、解除が問題になります。

法定解除権の発生する主な原因は、相手方（債務者）の債務不履行です。上記のケースのような履行遅滞の場合は、契約を解除する前に、原則として相当の期間を定め、債務者に対し履行を催告することが必要です。一方、履行不能の場合は、履行の催告をしなくても、直ちに契約を解除することができます。

また、民法は、債務者の帰責事由の有無を問わず、債権者を契約の拘束力から解放すべく、債務不履行の事実があれば、契約を解除することを認めています。ただし、債務不履行の程度が「契約及び取引上の社会通念に照らして軽微」である場合は、履行遅滞を理由とする契約の解除などの催告を要する契約の解除（催告解除）ができないとしています。債務不履行について債権者に帰責事由がある場合には、催告解除も下記の無催告解除もできないとしています。

さらに、民法は、履行の催告をしなくても契約を解除（無催告解除）できる場合として、①特定の日時や期間内に履行しないと契約の目的が達成できない場合（定期行為）、②履行が不可能となった場合

■ 契約の解除条項の例

（契約解除） 乙が次の各号のいずれかに該当した場合は、甲は何らの催告を要せず、直ちに本契約を解除することができる。

① 本契約のいずれかの条項に違反し、甲の勧告にもかかわらず、是正しない場合
② 監督官庁から業務停止等、行政処分を受けた場合
③ 破産手続き、民事再生手続き、会社更生手続き、その他の債務整理事由の申立てをし、又は第三者に申し立てられた場合
④ 甲に対し、代金の支払い等について債務不履行があった場合
⑤ 手形、小切手の不渡りを出した場合
⑥ 差押、仮差押、仮処分等を受けた場合
⑦ 税金等について滞納処分を受けた場合
⑧ 解散、合併、会社分割、事業の全部又は重要な一部の譲渡等、会社の構成に重大な変更を生じたと判断できる場合

(履行不能)、③債務者が履行を拒絶する意思を明確に表示した場合、④履行の催告をしても契約の目的を達する履行が見込めないのが明らかな場合、などを定めています。

特に、前述したクラシックカーの事例のB店のように、債務者が債務を一向に履行しない場合、債務者の履行拒絶意思が明確であるとみなし、③を理由とする無催告解除が行われるケースもあり得ます。よって、履行遅滞の状況にあるとしても、履行する意思があれば、それを債権者に対し明確に伝える必要があります。

手付とは

家や土地などの大きな買い物の場合には、まず手付を払ってそれから残額の支払いをするというのが普通でしょう。手付は、契約成立のときに交付される金銭その他の有価物(お金に限らない)です。手付には、証約手付、違約手付、解約手付があります。

・証約手付

証約手付は、売買契約が成立した際に支払う手付であり、この支払いによって「売買が成立した」という証拠になるものです。手付は、常に証約手付としての性質を有しています。

・違約手付

違約手付とは、売買の相手方の債務不履行に対するけん制として、債務の履行を促すために交付される手付です。契約違反があった場合の保証金といえます。つまり、手付金を支払った側が債務不履行をした場合、手付金の支払いを受けている相手側が、この手付金を没収することができるものです。

・解約手付

解約手付は、債務不履行の事実がなくても、契約の解除を可能にするために支払うものです。民法は手付を原則として解約手付として扱うことにしています。そして、契約の相手が履行に着手していない段階であれば、自らの履行の着手の有無にかかわらず、解約手付によって契約を解除することができるとしています。

解約手付による契約の解除は、売主・買主の双方から可能ですが、買主の場合は、売主に交付した手付金を放棄すること（返却不要とすること）で、契約の解除が可能となります。売主の場合は、買主が交付した手付金の倍額を買主に現実に交付することで、契約の解除が可能となります。

たとえば、土地の売買契約において、1000万円の価値がある土地である場合に、100万円程度の手付金（解約手付）が支払われる場合があります。このとき、買主の側が、すでに売主に対して土地の代金を支払うための段取りを整えている場合、買主の側から売買契約を解除することができるのでしょうか。

このケースでは、買主がすでに代金支払義務の履行に着手していますので、売主の側から、解約手付による契約の解除を行うことはできません。しかし、売主が土地引渡債務の履行に着手しているかは不明確です。この場合、売主が履行に着手していなければ、買主は解約手付による契約の解除ができます。しかし、売主も履行に着手しているときは、買主も解約手付による契約の解除ができなくなります。

そのため、解約手付による解除をしようとする場合は、相手が履行に着手しているかどうかを見極めることが大切だといえるでしょう。

手付に関するその他の問題

手付金には上記のように、さまざまな性質がありますが、それぞれをよく理解し、契約の際、そして契約締結後にどのような手付金がいつまで有効なのか、理解しておく必要があります。

前述のように、解約手付による解除は、契約の相手が履行に着手する前までのみ有効です。また、「違約手付」は契約の相手に債務不履行があった場合にしか請求できません。契約書の債務履行の場所や期日など、重要な事項は不明瞭な点がないようにしておく必要があります。契約書が締結される前に十分吟味して、手付金の解釈やその有効期限について理解しておく必要があります。

また、上記の「手付金」とは別に申込証拠金というものがあります。「手付金」は契約の締結を前提として支払うものですが、この「申込証拠金」は対象物を予約しておくために支払うものです。

申込証拠金は、その後の契約が無事に行われた際に代金として相殺され、契約に至らなかった場合は全額返還されるのが通常です。これは預かり金として存在するものなので、領収書ではなく「預り書（預り証)」を発行してもらう必要があります。特に不動産でよくあるトラブルですが、申込証拠金の全額没収は原則として不当と判断しています。

■ 解約手付による契約の解除の例

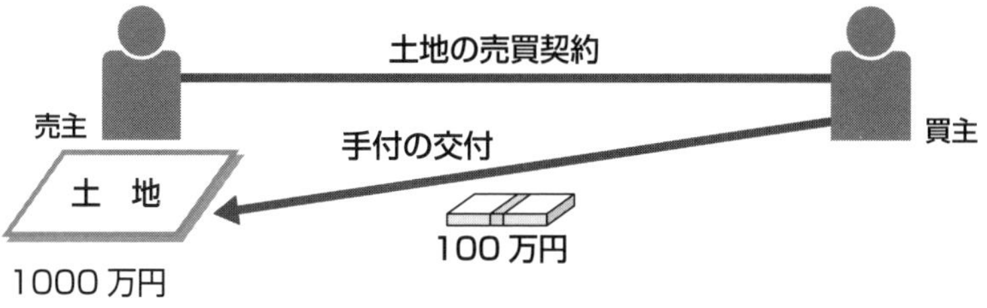

◎買　主 ⇒売主が履行に着手しない限り、手付金を放棄して契約を解除することが可能

◎売　主 ⇒買主が履行に着手しない限り、手付金の倍額を買主に支払って、契約を解除することが可能

10 保証契約を締結する場合に知っておくべきこと

継続的債務を保証する場合は極度額を定めることが必要である

保証とは何か

保証とは、債務者（「主たる債務者」といいます）が債務（「主たる債務」といいます）を履行しない場合に、その債務を代わりに履行する義務を負うことです。債務者の債務を保証した者（保証人）は、債務者が債務を履行しない場合に、債務者に代わって履行する責任を負います。この義務を「保証債務」、義務を負う人を「保証人」と呼びます。たとえば、AがBから借金をする場合に、Cが保証人になれば、Aが借りたお金を返せなくなったら、代わりにCが返さなければならないというものです。Cが負う債務が保証債務であり、Aの負う債務が主たる債務です。

保証は、保証人という「人」の財産を担保とする制度であることから「人的担保」とも呼ばれ、金融機関から融資を受ける場合や、マンション等の賃貸借契約、住宅ローンや奨学金の借入れなどに際して広く利用されています。

保証契約は口頭だけでは成立せず、保証契約書などの形で保証契約をしたことがわかる書面を作成しないと成立しません。口約束だけで、契約書などの書面を作成しないでした保証契約は、無効となります。

商取引では連帯保証が利用されることが多い

保証には、まず債務者に対して債務の履行を請求するよう主張できる通常の保証の他、債務者に請求しなくても保証人に対して直接履行を請求できるという「連帯保証」もあります（454条）。連帯保証の方が債務者に履行を請求する手間が省けるため、債権者の側には使い勝手がよいことから、取引上の債務について保証人を要求する場合、ほとんどが連帯保証人になってもらうのが実際のところです。

事業用融資などに関する個人保証の制限

個人保証とは、企業が金融機関から融資を受ける場合に、経営者やその家族、知人などの個人が、企業の融資を保証することです。個人保証を利用すると、資力に乏しい企業への資金調達が可能になる一方で、企業が破綻した場合に、個人である保証人がその資力では支払えない高額の保証債務を負担させられて、保証人が自己破産や自殺に追い込まれるケースが後を絶たず、深刻な社会問題となっています。

そこで、個人保証のうち「事業のための貸金等債務に関する保証や根保証」、つまり企業が事業活動をするために個人を保証人にしてお金を借りるような事業用融資の場合は、保証人の自発的な意思を確認する措置を講じることが義務付けられています。具体的には、保証や根保証の契約締結日前１か月以内に、保証人となる個人の意思を公正証書によって確認する必要があり、公正証書が作成されずに締結された「貸金等債務に関する保証や根保証」の契約は無効となります。

ただし、債務者と一定の関係にある個人が保証人となる場合（経営者保証）には、公正証書の作成が不要です。具体的には、債務者が法人のときは、その取締役、理事、執行役、過半数の株式保有者（総株主の議決権の過半数を有する者）など、債務者が個人事業主のときは、その共同事業者、債務者の事業に現に従事する配偶者など、が保証人となる場合は、公正証書による保証意思の確認は必要ありません。

したがって、企業が事業用資金を借り受ける際には、経営者保証に当てはまるかを確認し、当てはまらないときは、保証人となる個人に公正証書の作成を依頼しなければなりません。企業の経営と無関係である経営者の配偶者、親族、知人などを保証人とする場合は要注意です。

賃貸借契約や継続的取引の保証人を立てる場合

たとえば、事業用建物の賃貸借契約に基づく賃借人の債務（賃料支払債務、原状回復債務など）を個人が保証する場合や、継続的な商品納入契約に基づく代金支払債務を個人が保証する場合がありますが、いずれも契約時に支払うべき金額が特定されない債務であるという特徴を持っています。このように、一定の範囲に属する不特定の債務を保証することを「根保証」といいます。

根保証（根保証契約）は支払金額が不特定であって、保証人の負担が過大になるおそれがあるため、特に個人が保証人となる場合は保護する必要性が高いといえます。そのため、極度額（保証限度額）の定めがない個人が保証人となる根保証（個人根保証）は無効となります。

たとえば、前述の債務を企業経営に無関係の親族に保証してもらう場合、この債務は貸金等債務でないので、公正証書の作成は不要です。しかし、個人根保証に当てはまるので、保証契約書の作成時に極度額を定めておかないと、契約自体が無効となってしまいます。

保証人を保護するための情報提供義務

民法は、保証人を保護するため、保証人に対し一定の情報を提供する義務を課しています。

①　保証契約締結時の情報提供義務

主たる債務者は、事業のために負担する債務を主たる債務とする保証または主たる債務の範囲に事業のためにする債務が含まれる根保証の委託（依頼）をするときは、委託を受けて保証人になろうとする個人に対し、自らの財産・収支の状況や、主たる債務以外に負担している債務の有無・その額・履行状況などの返済資力に関する情報を提供しなければなりません。この情報提供義務は「債務者」が負っているのが特徴です。

②　主たる債務の履行状況に関する情報提供義務

債権者は、主たる債務者の委託によって保証をした保証人からの請求があった場合、主たる債務の元本、利息、違約金、損害賠償などについての不履行の有無やこれらの残額、そのうち弁済期が到来しているものの額に関する情報を提供しなければなりません。この情報提供義務は、保証人が個人か法人かは問いません。

③　主たる債務者が期限の利益を喪失した場合の情報提供義務

主たる債務者が期限の利益を喪失した場合（39ページ）、債権者は、債務者が期限の利益を喪失したのを知った時から2か月以内に、個人である保証人に対し、その旨を通知しなければなりません。この情報提供義務は、主たる債務者から委託を受けないで保証人となった個人に対しても負います。

■ 保証人に対する情報提供義務の整理

	提供義務者	個人保証		法人保証	
		委託を受けた保証人	委託を受けない保証人	委託を受けた保証人	委託を受けない保証人
事業性債務の保証・根保証の場合における保証契約締結時の情報	主たる債務者	○	×	×	×
主たる債務の履行状況に関する情報	債権者	○	×	○	×
主たる債務者が期限の利益を喪失した場合の情報	債権者	○	○	×	×

○：情報提供義務が発生する ／ ×：情報提供義務が発生しない

11 その他こんな条項について知っておこう

秘密保持条項で秘密情報を守る

完全合意条項とは

契約書を作成する際に、その契約書に書かれていない内容には効力を認めないということを合意する条項です。

この場合の「完全」とは、契約当事者が完全に合意しているという意味です。つまり、契約締結前に行われたどのような約束も、口頭であれ暗黙の了解であれ、契約書に書かれていない内容はその効力を認めないということです。つまり、この契約書の記載事項のみが完全な合意であり、契約書に記載されていない内容や、契約が締結されるまでに交わされた合意や約束は、すべて無効とする規定を指します。

たとえば、「本契約は、本契約で取り扱われた事項に関する当事者間の完全かつ唯一の合意を構成するものであり、書面であろうと口頭であろうと、当事者間に存在するすべての従前の合意は効力を失うものとする」などと規定することになります。

また、契約締結後においても契約の修正は書面によらなければなりません。

法律上、契約は当事者の合意によって定まります。契約締結の際には、必ずしも正式な契約書を作成する必要はなく、口約束や覚書などでもその効力を生ずるとされています。

しかし、正式に契約書を発行して契約内容の特定化をしていないと、トラブルになり、損失を被る可能性も大きくなります。完全合意条項を規定することで、契約の内容は特定化されます。そのため、書面によらずに成立した契約や、契約締結前に交わされた合意、口約束などについてのトラブルを、事前に防ぐことができるようになります。

完全合意条項を置くということは、契約書に記載されていないことは、新たに当事者間で合意しない限りはその効力が認められないということになります。契約締結時には、考えられるあらゆるトラブルを想定して、漏れがないかどうかについてチェックする必要があります。

なぜなら、本来は、両当事者が合意に至って、契約書を作成したにもかかわらず、後になってトラブルになるケースは意外にも多いためです。特に、トラブルになったケースで、一方の当事者が、問題になっているトラブルは契約書が想定していたケースとは異なると主張する場合があります。完全合意条項を置くことによって、この種のトラブルの予防につながります。

秘密保持条項とは

秘密保持条項とは、契約の履行をする上で知り得た相手方の重要な秘密情報（たとえば、経営ノウハウや、製造技術などの知的財産情報など）を、第三者に開示することや、その契約の目的以外で利用することなどを禁止する規定です。企業間の契約では、このような秘密情報の開示を伴う契約を行うことが頻繁に起こるため、秘密保持条項は非常に重要な契約条項です。

■ 秘密保持条項

（秘密保持義務）

第○条　甲及び乙は、本契約の締結または履行の過程で知った相手方の秘密情報を、相手方の事前の同意なく、第三者に開示、提供または漏えいしてはならない。

2　次の各号に掲げる情報は、前項における秘密情報には含まれない。（省略）

3　本条の規定は、本契約が終了（中途終了を含む）した日から３年が経過するまで効力を有する。

当事者以外の特定の第三者にまで秘密情報の開示が認められている場合には、その第三者に対しても、契約を履行する上で知った秘密情報の保持義務を負わせる必要があります。

秘密保持条項を設ける際の注意点

秘密保持条項を設ける際には、自社が情報を提供する側なのか、提供を受ける側なのかという、立場の違いを考慮することが重要です。特に、自社が情報の提供を受ける側の場合に、あまりにも厳しい内容の秘密保持条項を結んでしまうと、自社が秘密保持義務を遵守することが困難または不可能なこともあり得ます。そのため、具体的な取引の内容を明確にイメージして、現実的に遵守可能な条項になっているかどうかをしっかりチェックすることが重要となります。

秘密保持条項の重要ポイント

秘密保持条項の検討においては、まず、自社が情報を開示する立場（送り手）にあるのか、情報の開示を受ける立場（受け手）にあるのかを確認する必要があります。

自社が情報を開示する立場にある場合には、秘密保持の対象となる「秘密情報」の範囲をできる限り広く規定することが必要となります。また、開示した情報の取扱いについても厳格な規定を設けるべきです。

一方、自社が情報の開示を受ける立場にある場合には、自社が負う義務の範囲が広くなり過ぎないように、必要最小限度の規定のみを置くように交渉するべきでしょう。過剰な負担を負わないようにすることが重要です。万が一、開示を受けた情報が漏えいした場合のリスクについての十分な確認・検討も必要となります。

また、何が「秘密情報」に該当するかを明確にすることも重要です。「秘密情報」の範囲が明らかになっていない場合には、重要な情報と重要性の低い情報を区別することなく同様に管理しなければならないことになるため、情報の重要性に沿った情報管理が行われないおそれが出てきてしまいます。

そのため、秘密保持条項では、「秘密情報」の範囲を明確に記載した上で、公知の情報など、「秘密情報」として取り扱う必要のない情報は「秘密情報」から除外される旨の規定を設けるべきです。

さらに、秘密保持義務に違反した場合のペナルティについても定める必要があります。たとえば、秘密情報が漏えいした場合には、損害賠償責任が発生する旨を定めるのが一般的ですが、情報漏えいのケースにおける具体的な損害額を算定することは非常に困難です。

また、金銭による損害賠償では損害の回復は不可能なケースもあり得ます。このような事態を想定して、具体的な損害賠償額をあらかじめ契約書に明記しておくことや、損害賠償以外のペナルティを規定するということもしばしば見られます。

秘密保持期間の定め

秘密保持条項では、秘密保持期間も定められます。契約終了後も秘密保持義務を負うとすべきか、負うとしてどのくらいの期間が妥当なのか、さらにその期間が経過した後はどうなるのかなどについては、具体的な取引の内容に照らして個別に判断しなければなりません。

別途「秘密保持契約書」を結ぶこともある

秘密保持条項の分量が膨れ上がってしまい、契約書のバランスを欠いてしまうような場合には、その契約書（以下、「本契約書」といいます）には簡易な秘密保持条項のみを設けるにとどめて、別途、秘密保持に関する詳細な条項を盛り込んだ「秘密保持契約書」を結ぶということもあります。

12 契約書で問題が起こりやすい箇所とはどんなところなのか

さまざまなケースを想定して、慎重に対応する

契約書を訂正する場合には改ざんを防ぐようにする

契約書の記載に間違いがあることに気付いた場合、直ちに正しい内容に修正するべきです。この場合、契約書を新たに作り直すことができればそれがベストですが、すでに契約当事者の署名や押印済みであるようなときは、契約書を一から作り直すのは、時間の面でも費用の面でもムダが生じます。そこで、このようなときは、契約書上の間違いのある箇所を、以下のような方法で訂正することが一般的です。

まず、訂正すべき箇所を二重線で消します。次に、一般的に、横書きの場合は上に、縦書きの場合は右横に、訂正後の正しい文言を記載します。続けて、「削除○文字」「加入○文字」と書き、訂正したときに削除・加入した文字数を示します。最後に、当事者全員の訂正印を訂正箇所に押します。訂正印は、署名押印に使用したものと同じ印鑑を使用します。

改ざんされないように、数字は「一、二、三」ではなく、「壱、弐、

■ 改ざんを防ぐ方法

	よい例		悪い例	
漢数字を使う	壱、弐、参		一、二、三	
数字を先に持ってこない	削除○文字	加入○文字	○文字削除	○文字加入
訂正印の位置	訂正箇所		欄　外	

↓

もっともよい方法は、契約書を訂正するのではなく、作り直すこと

参」を使います。また、「○文字削除」のように数字を先に持ってくると文字数を付け加えやすいので避けるようにしましょう。訂正印は欄外に押しても法的には有効ですが、他の箇所を訂正することが可能になりますので、訂正箇所に押しておくのが確実です。

このように契約書を手書きで訂正するのは気を使う作業です。訂正が生じた場合は、取消線を引いたり、訂正印を押すことでなく、可能であれば、契約書を作り直してしまう方がよいでしょう。その方が見栄えがよく、間違いも起きにくいといえます。

また、契約書の誤字・脱字にも注意が必要です。ときには契約内容が変わってきてしまう可能性もありますので、最後に文章全体を通して音読し、校正を行いましょう。

契約書のページ数が多くなると、単純な記載ミス等が発生しがちです。作成した契約書について複数の目で確認することも有効な手段です。契約当事者の署名・押印欄も非常に重要な箇所ですので、記載に不備のないように気を付けましょう。

目的物の納品と検査についての条項について

物の売買契約や一定の物の製作等を内容とする請負契約では、通常、目的物が契約の相手方に納品された後、検査が行われるというプロセスをたどります。

目的物の納品とは、目的物の引渡しのことであり、法律上は、目的物の引渡し（納品）によって相手方が目的物を受領したものと扱われます。目的物が納品された後、納品を受けた当事者は、すぐに目的物の検査を行う必要があります。納品された目的物が契約の内容どおりの物品であるかどうか、欠陥はないか、数量に不足はないかなど、履行が適切になされたかどうかをチェックするのです。この物品の検査のことや検査に合格したことを「検収」と呼ぶことも多いです。

なお、「納品」や「検査」「検収」といった言葉は法律上の用語ではないため、契約当事者によって、それぞれ意味する内容が異なっている場合もあります。契約書ではどのような意味で用いられているのかを確認するようにしましょう。

検査の結果、納品物に問題がある場合には、法律上、納品をした相手方に直ちに通知して、契約内容に沿った目的物を納品することや代金の減額を求めたり、損害賠償請求や契約の解除をしたりすることができます。検査の結果、納品物に問題がなければ、検査に合格したことを直ちに相手方に通知しなければなりません。

これらのプロセスを、明確に契約書に記載することで、納品・検査に関するトラブルを防ぐことができます。

クレームの処理に関する事項を明確にして紛争を防止する

ビジネスには顧客からのクレームがつきものですので、クレームが発生した場合の処理・対応などについて、契約書に明確にしておくことが重要です。

一般的には、製品についてのクレームの処理をすべきなのは、売主であるメーカー、販売やサービスについてのクレームの処理をすべき

■ 納品・検査条項の例 ……………………………………

（納品及び検査）

第○条　乙が目的物を納品したときは、甲は、当該目的物を直ちに検査する。

2　甲は、目的物の納品を受けた日から14日以内に、前項の検査の結果を乙に書面で通知する。

3　第１項の検査の結果、不合格の物品があるときは、乙は、遅滞なくこれを引き取り、すみやかに代品を納入しなければならない。

4　甲が乙に検査の結果を通知せずに第２項の期間が経過したときは、当該目的は検査に合格したものとする。

なのは買主である小売店、というのが妥当ですが、責任の所在がはっきりしないケースも発生します。そのため、まずはクレーム処理の対応をする当事者は誰なのかを明確にする必要があります。

誤った対応で商品や会社のブランド価値を下げてしまう可能性や、製品開発や改善のヒントを逃してしまうことがありますので、一方当事者のみが対応にあたるのではなく、必要に応じて他方の当事者も協力をする、というような条項にすることが効果的です。

その他にも、クレーム対応にかかる費用の負担や補償責任を負う当事者は誰か、どの範囲でクレームによる責任を負うべきか、具体的にどのような補償責任を負うのか、などを規定し、当事者間での紛争を防ぐと共に、クレームを適切かつ円満に処理できるようにします。

また、今日では、著作権、特許権、意匠権、商標権などの「知的財産権」に関するクレームも増えています。契約当事者が顧客や第三者に対して、権利を侵害する場合だけでなく、反対に、第三者に契約当事者が権利を侵害される場合も起こり得るので、どのケースのときに誰が対応するか、可能な限り細かく設定しておくべきでしょう。

■ クレーム対応に関する条項の例 ……………………………………

（クレームへの対応等）

第○条　本製品の不具合に関して消費者からのクレームが発生した場合、甲は、直ちに乙に通知し、その対応にあたるものとする。この場合において、甲の要請があったときは、乙は甲に必要な協力をするものとする。

2　乙は、以下の場合を除き、甲が前項のクレームへの対応に要した一切の費用について補償しなければならない。

（以下省略）

13 公正証書で契約書を強化する

金銭消費貸借や賃貸借契約でよく活用される

金銭の支払請求には公正証書を作成するとよい

公正証書とは、公証人という特別な資格を有する者が、当事者の申立てに基づいて作成する文書で、一般の文書よりも強い法的な効力が認められています。公証人は、裁判官・検察官・弁護士などの法律実務経験者や一定の資格者の中から、法務大臣によって任命されます。

公正証書には、強い証拠力があり、記載された日付には、その日に作られたという公証力（確定日付）が認められます。

たとえば、金銭消費貸借契約を例にとって説明しましょう。返済期限が過ぎても返済しない場合に、直ちに差押えや競売といった強制執行ができるように強制執行認諾文言付公正証書（70ページ）を作成します。これによって、金銭などの支払いのために債務者の財産について、裁判所の判決などを経ずに強制執行ができるわけです。

その他、売掛金債権の回収目的や、賃貸借契約における賃料滞納の場合の対抗手段など、広い目的で公正証書は活用されています。

公正証書を利用するのはその執行力のため

公正証書が利用される最大の理由は、公正証書に与えられる執行力です。債権回収をはじめとする法的な紛争では、さまざまな手を尽くしても効を奏さないときには、最終的に訴訟となり、判決を受けて、これに基づいて債務者の財産に対して強制執行（債務者に強制的に義務を履行させて、債権者の権利を実現する手続きのこと）を行います。強制執行を行うためには、その根拠となるものが必要です。それを債務名義と呼びます。

債務名義には、判決の他に、調停調書や和解調書、仮執行宣言付支払督促などがありますが、公正証書も一定の要件を備えれば債務名義となって、公正証書に基づく強制執行が可能になります。

ただし、どんな契約書でも公正証書にすれば債務名義となりうるわけではありません。これには以下のような２つの条件が必要です。

１つは、請求内容が一定額の金銭の支払いであるか、有価証券などの代替物の給付を目的とすることです。そのため、支払金額についても公正証書中で判断できるように明記しておく必要があります。

もう１つは、債務者が「債務を履行しない場合には強制執行を受けても文句は言わない」旨の記載がなされていることです。この記載を強制執行認諾文言または執行認諾約款といい、この記載がある公正証書のことを強制執行認諾文言付公正証書といいます。

強制執行認諾文言は、一般には「債務を履行しないときには直ちに強制執行を受けても異議のないことを認諾します」というような記載です。この記載があれば、公正証書に記載された一定額の金銭の支払いなどについて、訴訟（裁判所の判決など）を経なくても、強制執行を申し立てることができるわけです。

■ 公正証書のメリット

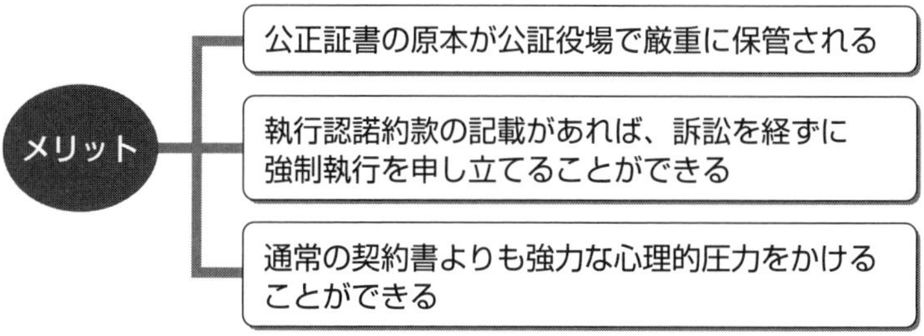

公正証書の作成手続きはどうなっている

公正証書を作成するには、当事者本人であることを確認してもらうため、実印と３か月以内に発行された印鑑証明書など本人確認できるものを用意します。

公正証書を作成するには、公証役場へ行きます。わからない場合には、日本公証人連合会（03－3502－8050）に電話をすれば教えてもらえます。債権者と債務者が一緒に公証役場へ出向いて、公証人に公正証書を作成することをお願いします（これを嘱託といいます）。事前の相談や連絡は、当事者の一方だけでもできますが、契約書を公正証書にする場合には、契約当事者双方が出向く必要があります。ただし、本人ではなく代理人に行ってもらうことは可能です。

当事者が会社など法人の場合、持参すべき本人確認書類は、代表資格を証明する商業登記事項証明書または資格証明書、代表者印およびその印鑑証明書（発行日から３か月以内のもの）です。個人の場合は、印鑑証明書、運転免許証、マイナンバーカード、旅券（パスポート）のいずれかと印鑑（印鑑証明書とセットの場合のみ実印）が必要です。

当事者本人がこれらを持参して公証人役場に出頭し、公証人に公正証書の作成を依頼します。また、代理人に行ってもらうためには、本人の実印が押されている委任状と本人の印鑑証明書、さらに代理人の本人確認書類が必要です。

契約当事者の間では、公正証書にしてもらう文書の内容をあらかじめ決めておきます。契約書があればそれを持っていけばよいのですが、なければ主要な点だけでもメモしたものを持っていくとよいでしょう。

公正証書の内容について

公正証書の正本には、①全文、②正本であることの記載、③交付請求者の氏名、④作成年月日・場所が記載されます（公証人法48条）。

公正証書の正本に記載されている全文は、さらに２つのパートから成り立っています。１つ目のパートには、具体的な内容（これを本旨といいます）が記載されています。具体的な内容とは、公証人が嘱託人や嘱託人の代理人から聞き取って、それを録取した契約や事実関係に関する部分のことです。嘱託人が公正証書に記載してもらいたいものとして伝えた内容を、実際に公証人が聞き取って記載したものということができます。たとえば、売買契約書であればその売買契約の目的物や代金など、遺言書の場合には遺言の内容などです。

もう１つのパートには、公正証書に記載された内容そのものについてではなく、公正証書を作成する際の形式についての記載が行われます。この記載を本旨外記載事項といいます。嘱託人の住所、氏名、年齢、公正証書を作成した年月日、公正証書を作成した場所といった事項が本旨外記載事項にあたります。なお、公正証書は公文書ですので、法律の規定に違反する内容を盛り込むことはできません。また、「いかなる理由があっても」などというように、無条件等の内容を記載することも許されません。

■ 公正証書の作成方法

申請前に公正証書の作成について当事者の合意が必要

▼

申請書類を再チェック

・公正証書にしたい文面
・本人確認資料（当事者が法人が個人かで異なる）
・代理人申請の場合は本人作成の委任状や本人の印鑑証明書など

▼

最寄りの公証役場へ行く

▼

公証人が公正証書を作成

書式　債務弁済公正証書サンプル

債務弁済契約公正証書

本公証人は、当事者の嘱託により、その法律行為に関する陳述の趣旨を録取し、この証書を作成する。

第１条（趣旨）　債権者○○○○株式会社（以下「甲」とする）、債務者△△△△株式会社（以下「乙」とする）、連帯保証人××××（以下「丙」とする）は、以下のとおり、債務弁済契約（以下「本契約」とする）を締結する。

第２条（債務内容）　乙は、令和○年○月から令和○年○月に至る商品卸売契約に基づき甲に対して発生した代金債務のうち、未払残代金○○○万円の債務（以下「本件債務」とする）を負担することを承認し、以下の条項に定めるところに従い、弁済することを約した。

第３条（支払方法）　乙は、本件債務を、令和○年○月より毎月末日限り、金○○万円ずつの分割払いによって弁済するものとする。

２　本件債務の利息は年○％とし、本件債務と共に毎月末日限り弁済する。

第４条（期限の利益の喪失）　乙について下記各号のいずれかに該当する事由が生じた場合、乙は、当然に期限の利益を喪失し、甲からの催告がなくとも、直ちに元利金を完済すべきものとする。

①　前条の割賦金又は利息の支払いを１回でも怠ったとき

②　競売、強制執行、差押もしくは仮差押の申立てを受け、又は手形もしくは小切手の不渡処分を受けたとき

③　破産手続、民事再生手続、会社更生手続又は特別清算の開始の申立てがあったとき

第５条（連帯保証人）　丙は、本契約による乙の甲に対する一切の債務を保証し、乙と連帯して債務の履行をすることに合意する。

第６条（強制執行認諾約款）　乙及び丙は、本契約による金銭債務を履行しない場合、直ちに強制執行を受けても異議のないことを認諾する。

以上

本旨外要件

住　所　　東京都○○区○○町○丁目○番○号

債権者　　○○○○株式会社

上記代表者代表取締役　○○○○　㊞

住　所　　東京都○○区○○町○丁目○番○号

昭和○○年○月○日生

上記の者は印鑑証明書を提出させてその人違いでないことを証明させた。

住　所　　○○県○○郡○町○丁目○番○号

債務者　　△△△△株式会社

上記代表者代表取締役　△△△△　㊞

住　所　　○○県○○郡○町○丁目○番○号

昭和○○年○月○日生

上記の者は印鑑証明書を提出させてその人違いでないことを証明させた。

住　所　　○○県○○市○○町○丁目○番○号

連帯保証人　　××××　㊞

昭和○○年○月○日生

上記の者は印鑑証明書を提出させてその人違いでないことを証明させた。

上記列席者に閲覧させたところ、各自その内容の正確なことを承認し、下記に署名・押印する。

○○○○　㊞

△△△△　㊞

××××　㊞

この証書は、令和○年○月○日、本公証役場において作成し、下記に署名・押印する。

東京都○○区○○町○丁目○番○号

東京法務局所属

公証人　　○○○○　㊞

この正本は、令和○年○月○日、売主○○○○株式会社の請求により下記本職の役場において作成した。

東京法務局所属

公証人　　○○○○　㊞

14 電子商取引の特殊性

相手の顔が見えないという特殊性がある

電子商取引とは何か

インターネットをはじめとした、電子的なネットワークを介して行われる商取引を、電子商取引といいます。電子商取引には、企業と企業で行われるものや企業と消費者で行われるもの、個人間で行われるものなど、さまざまな形態があります。

インターネット上で商取引を行う場合には、ホームページなどの画面にあるフォームの送信機能を利用したり、電子メールを利用するなどによって行います。このように、ホームページや電子メールなどのインターネットの代表的な利用方法は、人との交流や情報交換に役立つだけでなく、ショッピングや投資などの商取引にも使われています。

電子商取引と対面取引の違い

電子商取引は、通常の商取引と比べて、いくつかの特色があります。まず、通常の対面式の売買と違って、相手の顔が見えない点です。通常、人が取引を行う場合には、相手の様子や企業の雰囲気などを実際に目で見て判断しますが、電子商取引ではそれができません。

さらに、電子商取引においては、売買契約を行ったとして、その契約がいつ成立したものであるかがわかりにくいという問題もあります。

対面取引では、一般的に、その場で売買が行われることが多く、日を改めて取引を行う場合でも、契約が成立していることの証拠となる文書を渡すなどの対応をすることで、いつ契約が成立したのか、容易に把握することができます。

これに対し、電子商取引の場合には、契約が成立していることを示すものは、文書などの紙媒体ではなく、電子データです。電子データは、性質上、改ざんが容易にしやすいものであるため、十分に信用することは難しく、これだけでは契約が成立したことの証拠としては十分ではないということが多いという性質があります。

また、たとえば商品を買う場合には、商品を送ってもらう必要があります。こうした情報を、電子メールなどを利用して行うことから、情報が漏れる可能性も高く、実際に個人情報が漏れたケースは多数見られます。

このように、インターネットを利用した商取引は非常に便利で手軽なものですが、他方、インターネットであるがゆえの問題点も多く含んでいるのです。

特に、オンラインショッピングや金融取引のオンライン化が進み、利用者が急増していることに伴って、さまざまなトラブルも増大しているのが現状です。

そこで、電子署名・認証制度や電子契約法などによって、電子商取引の安全が図られています。

インターネット取引と電子署名

インターネット上では、相手の顔が見えません。契約の証拠となる電子メールなどは、電子データです。そのため、電子商取引では、取引の相手方の身元を確認することが難しいという点や、契約の証拠となりうる電子メールなどの電子データは改ざんされやすいという点が問題となります。

そこで、「電子署名及び認証業務に関する法律」(電子署名法)によって、電磁的記録の真正な成立の推定や、特定認証業務に関する認定の制度などが定められています。

電子署名について

電子署名法は、電子文書などの電磁的記録について、本人による一定の電子署名が行われているときは、真正に成立したものと推定しており、手書きの署名や押印と同等に通用するものとしています。そのため、トラブルで裁判になった場合にも、電子署名が行われている電子文書などの電磁的記録が存在するのであれば、証拠として用いることが可能です。

電子署名は、信頼性を高めるために考えられたものです。本人が署名していることと、署名されたものには後から変更などが加えられていないことを証明できるような高い信頼性が求められます。

現在のところ、電子署名には、公開鍵暗号方式と呼ばれる技術が広く使われています。

公開鍵暗号方式は、秘密鍵と公開鍵という２つのデータを使います。この２つのデータは、印鑑登録制度と似たしくみで、それぞれ印鑑と印影のような役割を果たします。

秘密鍵を本人が使い、公開鍵は通信の相手方が本人のものであるかどうかを確かめるのに使います。通信の相手が本人の署名であるかどうかを確認するには、認証機関（日本認証サービス株式会社、株式会社日本電子公証機構など）が発行した電子証明書が必要になります。認証機関が電子署名を行った本人を電子証明書により証明することを電子認証といいます。

認証機関に電子証明書を発行してもらうには、事前に本人が身元を証明できるような資料と共に認証機関に申請をする手続をすることが必要になります。

このように、電子署名・認証制度では、認証機関が本人の確認をするので、通信の相手方は本人の署名を本物であると信用することができるようになっています。

15 電子契約法の定めるルール

消費者の操作ミスによる不利益を救済する法律

電子契約法とは

インターネット技術の発展は取引を多様化した一方で、利用者の増大に伴うさまざまな問題が生じています。

たとえば、インターネットを利用した通信販売では、ワンクリック詐欺と呼ばれる悪質商法による被害が深刻化しています。

このような電子商取引をめぐるネット上のトラブルを防ぐことを目的として制定されたのが、「電子契約法」（「電子消費者契約及び電子承諾通知に関する民法の特例に関する法律」）です。電子消費者契約法とも呼ばれます。

電子契約法は、消費者が行う「電子消費者契約」の申込またはその承諾の意思表示について、特定の錯誤があった場合に関して、民法の特例を定めた法律です。

電子消費者契約とは、消費者と事業者との間における、電磁的方法によってパソコンなどの電子計算機の映像面を介して締結される契約のことです。事業者またはその委託を受けた者がその映像面に表示した手続きに従って、消費者が電子計算機を用いて送信することによって、その申込またはその承諾の意思表示を行います。

電子契約の成立時期

民法の原則によれば、契約が成立するのは、申込に対する承諾の通知が申込者に到達した時点であるとされています。電子契約法も、この民法の原則と同様に、インターネット上の取引の場合についても、承諾の通知が相手方に到達したときに契約が成立すると定めています。

消費者の操作ミスの救済

パソコンについての知識があり、操作にも慣れている人にとっては何でもなくても、操作に不慣れな人は、操作ミスをしてしまうこともあります。また、パソコンでは瞬時に処理がなされるため、間違いに気づいたときには、取り返しのつかないことになっていることもあります。契約の原則（民法の原則）によると、重大な不注意（重大な過失）によって勘違い（錯誤）に陥って契約の意思表示をしたときは、原則として、取消しを主張できません。

しかし、インターネットショッピングや、事業者の専用端末を使用したサービス等の利用申込など、インターネット取引が普及した現在においては、消費者がマウスなどの機器の操作を誤ってしまい、消費者が意図していなかった商品を注文してしまったり、利用するつもりのないサービスを利用してしまうケースが非常に多く見られます。

このような場合、民法の原則によれば、契約は錯誤を理由として取り消せるとなるのが原則なのですが、操作ミス等をした消費者に「重大な過失」がある場合には、事業者が契約は有効であると主張することが可能となっています。

そこで、電子契約法は、電子消費者契約において消費者に操作ミスが生じやすいことから、錯誤に関する民法の原則を修正し、事業者が消費者の操作ミスを防止するための措置を講じていないケースにおいては、消費者に重大な過失があっても契約の意思表示を取り消すこと

■ **電子契約の成立時期**

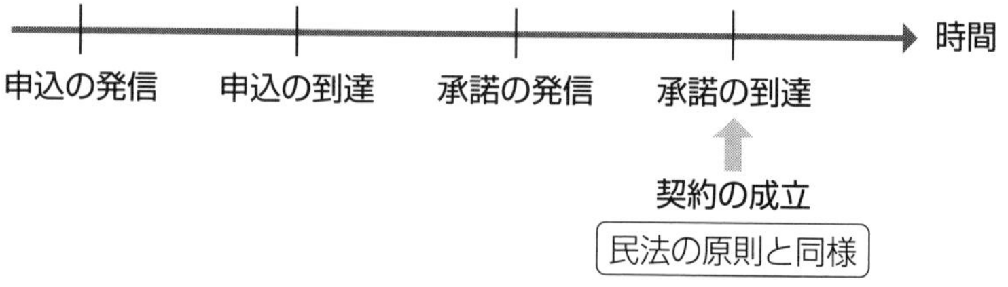

ができるようにし、消費者を保護しています。

具体的には、事業者側には、消費者が契約の申込や承諾を確定させる前に、消費者自身が注文内容や取引条件を確認することができるようにする義務が課せられています。

この確認措置がとられていない場合には、消費者がコンピュータの操作を誤って契約の申込や承諾の意思表示をしたときは、消費者はこれらの意思表示を取り消すことができます。

これに対して、消費者が契約の申込や承諾を確定する前の段階で、注文内容や取引条件を最終確認することができるよう措置を事業者側がとっていた場合には、たとえ消費者が捜査を誤って申込や承諾の意思表示をしたとしても、その意思表示を取り消すことはできません。

また、申込内容の表示を見て、訂正しようとした場合に訂正することができるようになっている場合にも、消費者はその意思表示を取り消すことはできません。

■ 電子契約法のしくみ

内容	内容
①電子商取引のうち、 ②事業者と消費者との間の、 ③パソコンなど（電子計算機）を使った申込や承諾を、 ④事業者が設定した画面上の手続に従って行う契約	①操作ミスなどによる意思表示の取消しを認める ②事業者側に意思確認のための措置をとらせる ③相手方へ承諾の意思表示が到達したときに契約が成立する

16 定型約款について知っておこう

約款の中からスタンダードな部分を抽出したのが定型約款

定型約款とは

定型約款とは、民法によれば、「定型取引において、契約の内容とすることを目的としてその特定の者により準備された条項の総体」と定義されます。ここでいう「定型取引」とは、ある特定の者が不特定多数の者を相手方として行う取引であって、その内容の全部又は一部が「画一的」であることが双方にとって合理的なものをいいます。つまり、ある取引の主体が取引の相手方の個性を重視しないで、多数の取引を行う場合のことです。一般的に、保険約款、預金規定、通信サービス約款、運送約款、カード会員規約などが、定型約款にあたるといえます。

このような定型取引の相手方は、通常、細かい契約内容については関心がないため契約内容をよく理解せずに契約を締結するという特徴があります。

たとえば、月額課金のオンラインストレージサービスを提供するA社の例を考えてみましょう。A社のサービスにおいては、ユーザー登録画面に利用規約を表示して、当該利用規約が契約内容に含まれることに同意する旨のボタンがユーザーによって押されてから、月額課金サービスの利用画面に移行する方法を採っているとします。

このようなサービスにおいては、A社のサービスを利用する各ユーザーがA社のサービスの利用規約のすべての条項に目を通して把握した上で同意ボタンを押しているということは、通常期待できません。

そこで、サービスの利用契約の締結に際してその内容を定型的に定めた利用規約を、民法における「定型約款」とすることで、不特定多数のユーザーとの間で同じ内容のサービスを迅速かつ効率的に行うことが可能となります。

定型約款のみなし合意とは

民法は、定型取引を行うことの合意（「定型取引合意」といいます）をした者が、①定型約款を契約の内容とすることの合意をしたとき、または②定型約款を準備した者（「定型約款準備者」といいます）がその定型約款を契約の内容とする旨をあらかじめ相手方に表示していたときは、定型約款の個別の条項についても合意をしたものとみなすと規定しています。これを「みなし合意」といいます。

このみなし合意の制度は、不特定多数の者との画一的な取引を迅速かつ効率的に行うために設けられたものです。前述の定型取引合意をした者は、その定型約款におけるすべての条項を具体的に把握していなくても、みなし合意が成立することになります。

しかし、常に定型約款の個別の条項について合意をしたものとみなされると、相手方に不利益となるような不合理な内容の条項であってもみなし合意によって有効であるという取扱いがされてしまい、妥当ではありません。

そのため、相手方の権利を制限したり、義務を加重する条項であって、その定型取引の態様・実情や取引上の社会通念に照らして、信義則（信義誠実の原則）に反して相手方の利益を一方的に害すると認められる条項については、合意をしなかったものとみなされます。つまり、このような条項については、はじめから契約内容に組み込まれなかったこととされるのです。

この除外規定に該当する条項の例として、不当条項や不意打ち条項が挙げられます。

不当条項とは、契約違反をした相手方に過大な違約金を課する条項や、逆に、定型約款を準備する側（定型約款準備者）の責任を不当に免責したり、賠償額を不当に僅少にする条項などを指します。

不意打ち条項とは、定型取引と関連性のない製品やサービスを、通常予期しない形でセット販売している条項などを指します。

定型約款の内容の表示（開示）義務

定型取引合意の前または定型取引合意の後相当の期間内に、相手方から定型約款の内容を表示（開示）するよう請求があった場合には、定型約款準備者は、遅滞なく、相当な方法でその定型約款の内容を表示（開示）しなければなりません。

たとえば、相手方から請求されたときに、定型約款を掲載したWEBページのURLを提示するなどの方法で表示する必要があります。ただし、定型約款準備者がすでに相手方に対して、定型約款を記載した書面を交付していた場合や定型約款を記録した電磁的記録を提供していた場合は、改めて定型約款の内容を表示する必要はありません。

なお、定型取引合意の相手方から表示請求がなかった場合には、定型約款準備者が相手方に対して事前に定型約款の内容を表示（開示）していなくても、定型約款は契約の内容になります。ただし、この場合は定型約款を表示する義務が履行されていないため、定型約款準備

■ 定型約款を利用した取引

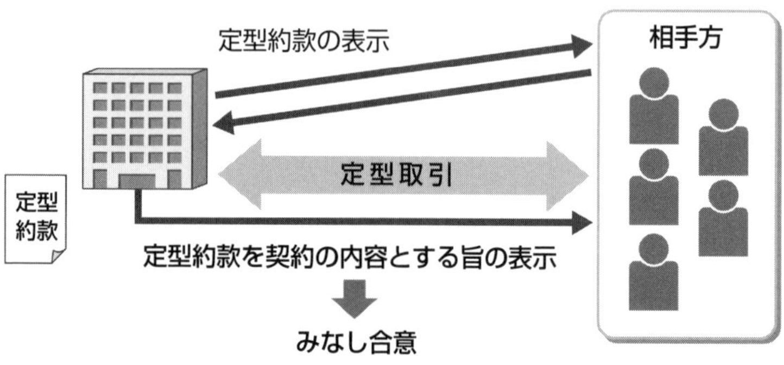

者は債務不履行に基づく損害賠償責任を負う可能性があります。

定型取引合意の前に相手方から定型約款の開示請求があったのに、正当な理由（一時的な通信障害が発生したなど）なくこの請求を拒否した場合は、みなし合意の規定が適用されず、定型約款自体が契約の内容にはなりません。

定型約款の変更が可能な場合

定型約款を利用して不特定多数の相手方と取引を開始している状態であっても、事後的にその定型約款を変更する必要が生じる可能性もあります。そこで、民法は、一定の要件を満たしている場合には、変更後の定型約款の条項について合意があったものとみなし、相手方の個別の合意がなくても定型約款を変更できるものとしています。具体的には、下図の①、②のいずれかの要件を満たす必要があります。

なお、この要件を満たしている場合において、実際に定型約款の変更が効力を生じるためには、ⓐ変更の効力が発生する時期を定めた上で、定型約款を変更する旨、ⓑ変更後の定型約款の内容、ⓒ変更後の定型約款の効力発生時期の３点について、インターネットの利用その他適切な方法で周知することが必要です。

■ 相手方との個別の合意なく定型約款の変更が可能となる場合

定 型 約 款 ➡ **不特定多数の者と取引を行うために定めている**

【事後的に変更が必要な場合】

① 定型約款の変更が相手方の一般の利益に適合するものであること

② 定型約款の変更が契約の目的に反せず、変更の必要性、変更後の内容の相当性、定型約款を変更することがある旨の定めの有無・内容などの事情に照らして合理的なものであること

➡ いずれかの要件を満たした上で、変更に関する事項をインターネット等で周知することが必要

Q **消費者契約（消費者と事業者との間で締結する契約）において事業者の責任を一切否定する契約条項は有効でしょうか。その他にも、契約条項の有効性が問題になる契約条項はありますか。**

A 消費者契約の締結にあたっては消費者に契約条項を閲覧させ、それに同意してもらいますが、以下の内容の契約条項を設けても、消費者契約法により無効となることに注意しなければなりません。

① 債務不履行責任を免除する特約

問題発覚の際に責任を負うことを避けたいがために、事業者が契約書に「損害賠償責任の全部を免除する条項」を置くことがあります。しかし、事業者の債務不履行についての損害賠償責任の全部を免除する条項を消費者契約に設けても無効です。その結果、事業者は民法やその他の法律に基づいて債務不履行責任を負うことになります。

もっとも、「事業者に故意や重過失がない場合の損害賠償責任は○○円までとする」など、金銭の上限を定めることで、事業者に故意および重過失がない場合の損害賠償責任の一部を免除する条項（一部免責条項）を設けることは原則可能です。これに対し、事業者に故意または重過失がある場合に、債務不履行に基づく損害賠償責任の一部免除を認める条項を消費者契約に設けても無効です。

② 不法行為責任の全部を免除する契約

事業者の債務の履行に際にしてされた当該事業者の不法行為により消費者に生じた損害を賠償する責任の全部を免除する条項を消費者契約に設けても無効です。たとえば、契約書に「いかなる場合も当社は一切損害賠償責任を負いません」とする特約を設けても、消費者に不法行為をした事業者は損害賠償責任を負います。なお、事業者やその従業員に故意および重過失がない場合に不法行為によって生じた損害の一部を免除する契約条項を設けることは原則可能です。

③　契約不適合責任の免責特約

契約不適合責任は、特に売買契約の目的物の種類・品質・数量・権利に関して契約の内容（趣旨）に適合しない場合、買主（消費者）が売主（事業者）に対して履行追完請求権、代金減額請求権、損害賠償請求権、契約解除権を行使できるとする制度です。契約不適合責任の免責特約の有効性は、契約不適合責任が債務不履行責任のひとつであることから、原則として①の特約と同じように考えます。

④　高額の違約金を定める特約

消費者の債務不履行で損害が生じた場合に備え、契約時に「キャンセル料」「違約金」などの名目で、事業者が損害賠償金を確保することがあります（損害賠償額の予定）。しかし、契約で自由に決めることができるという原則を貫くと、消費者が過大な損害賠償額を負担する事態が生じます。そこで、消費者契約の解除に伴う損害賠償の額や違約金を定めた場合、事業者に生ずべき平均的な損害の額を超える賠償額を予定しても、その超える部分が無効になります。

⑤　消費者の解除権を放棄させる条項

事業者の債務不履行により生じた消費者の解除権（契約不適合責任に基づく消費者の契約解除権も含まれます）を放棄させる条項は無効です。事業者が債務不履行をしたことにより、消費者にとって無意味である消費者契約に消費者が束縛されることを防ぐのが目的です。

⑥　事業者の免責の範囲が不明確な条項（令和５年６月施行）

事業者の債務不履行（故意・重過失によるものを除きます）または消費者契約における事業者の債務の履行に際してされた当該事業者の不法行為（故意・重過失によるものを除きます）により消費者に生じた損害賠償責任の一部を免除する消費者契約の条項で、当該条項において事業者の重過失を除く過失による行為にのみ適用されることを明らかにしていないものは無効です。免責の範囲が不明確であれば、消費者による損害賠償請求権の行使が困難となるからです。

17 特定商取引法とはどんな法律なのか

特定の取引について消費者をトラブルから守っている

特定商取引法とは

特定商取引法は、消費者と事業者との間で特にトラブルになることが多い取引を特定商取引としてとりあげ、その取引をする際のルールを定めています。全体としては、特定商取引が行われる際に、消費者が不当な契約が結ばれないようにするため、事業者を規制することを目的としています。

特定商取引法が定める特定商取引とは、①訪問販売、②通信販売、③電話勧誘販売、④連鎖販売取引、⑤特定継続的役務提供、⑥業務提供誘引販売取引、⑦訪問購入の７種類です。

また、未購入の商品が突然を送り付けられた場合（ネガティブオプション）の取扱いについてもルールを定めています。

①　訪問販売

訪問販売とは、事業者の営業所等（営業所、代理店、展示会場などの施設）以外の場所で行われる取引のことです。消費者の自宅への押売りが代表例です。その他にも、路上で消費者に声をかけて事業者の営業所等に誘い込んでから、商品の販売などを行うキャッチセールスといった販売方法も、訪問販売に含めて規制しています。

②　通信販売

通信販売とは、事業者がカタログ、新聞、雑誌、インターネットなどで消費者に向けて広告を出し、消費者から郵便、電話、インターネットなどの通信手段により申込を受ける取引のことです。

③　電話勧誘販売

電話勧誘販売とは、事業者が電話で勧誘し、消費者からの申込を受ける取引のことです。勧誘の電話中に申し込む場合だけでなく、勧誘の電話をいったん切った後で、消費者が郵便や電話などで申込を行う場合も電話勧誘販売に含まれます。

④　**連鎖販売取引**

連鎖販売取引とは、事業者が消費者を組織の販売員（会員）として勧誘し、その販売員にさらに次の販売員を勧誘させる方法で、販売組織を連鎖的に拡大して行う販売方法です。マルチ商法と呼ばれることもあります。「組織の一員として活動すれば一定の見返りが得られる」という形で販売員を勧誘し、これに応じて販売員となる者に商品を購入させたり、入会金やリクルート料といった名目の金銭的負担を負わせたりすることが特徴です。

⑤　**特定継続的役務提供**

長期・継続的なサービスの提供の対価として、高額の金銭の支払いを求める取引のことです。語学教室・学習塾に通学する契約や、エステティックサロンに通う契約が代表例です。

⑥　**業務提供誘引販売取引**

事業者が「依頼した仕事をしてくれれば収入を得ることができる」といった口実で消費者を勧誘し、仕事に必要であるとして、商品などを販売する取引のことです。

⑦　**訪問購入**

物品の購入業者が営業所等以外の場所において行う物品の購入取引のことです。自宅を訪れた業者による貴金属やアクセサリーなどの強引な買取りを防ぐために規制が置かれています。

特定商取引法の規制

特定商取引法は、特定商取引に該当する７種類の取引ごとに分けて、必要なルールを定めるという構造をとっています。多くの特定商取引に共通するルールは、①氏名等の明示の義務付け、②広告規制（必要的記載事項・誇大広告等の禁止など)、③契約締結時の書面交付義務、④不当な勧誘行為の禁止、⑤クーリング・オフ制度、⑥中途解約権の保障などです。

特に重要なルールが、通信販売を除く特定商取引に認められているクーリング・オフ制度です。事業者は消費者に対しクーリング・オフという権利があることを書面で伝え、消費者のクーリング・オフを不当に妨害することを避けなければなりません。

電子メールなどによるクーリング・オフも可能になった

以前は、クーリング・オフの行使は「書面」によると定めていました。しかし、トラブルを避けることができる方法であれば、書面以外でもよいといえます。そこで、消費者がクーリング・オフをより行使しやすくするため、令和３年成立の特定商取引法改正により、クーリング・オフの行使は、書面だけでなく電磁的記録（電子メール、ウェブサイトのクーリング・オフ専用フォームなど）によることも認められました。電磁的記録によっても発信日の特定ができると共に、書面の発信よりも消費者の金銭的負担が最小限で済むからです。

■ 特定商取引法の規制対象

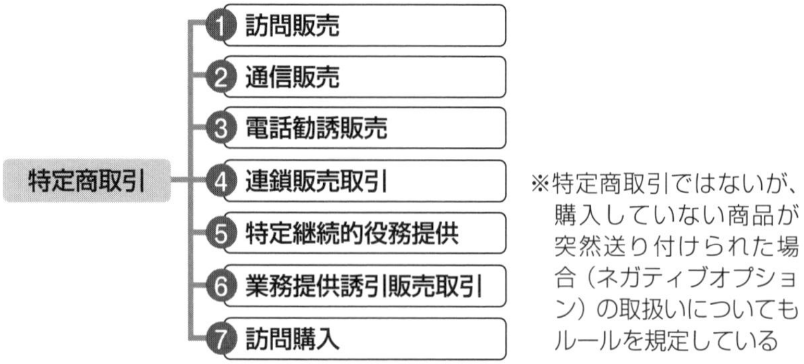

■ 特定商取引法で規制される内容

<table>
<tr><th>取引</th><th>規制される主な商法</th><th>クーリング・
オフできる期間</th></tr>
<tr><td>訪問販売</td><td>・押売り（自宅に突然訪問してきて商品を販売する商法）
・キャッチセールス（駅前・街頭といった場所で販売目的を隠して勧誘する商法）
・アポイントメントセールス（販売目的を隠してメール・手紙などで誘い出す商法）
・催眠商法（会場に誘い出した客を話術や雰囲気で高揚させ、商品の販売を行う商法）</td><td rowspan="4">8日</td></tr>
<tr><td>電話勧誘販売</td><td>・資格商法（家庭や職場に電話をかけて資格取得の勧誘を行い、電話中に契約を結ばせたり、申込書を郵送させたりする商法）</td></tr>
<tr><td>特定継続的役務提供</td><td>・無料体験商法（無料体験を誘い文句に客を誘い出し、エステや英会話教室、学習塾といったサービスの受講契約を結ばせる商法）</td></tr>
<tr><td>訪問購入</td><td>・押し買い（自宅を訪れた業者に貴金属やアクセサリーなどを安値で強引に買い取られてしまう商法）</td></tr>
<tr><td>連鎖販売取引</td><td>・マルチ商法・マルチまがい商法（商品等を購入して入会し、新たに入会者を紹介すると手数料が入るシステムで組織を拡大させる商法）</td><td rowspan="2">20日</td></tr>
<tr><td>業務提供誘引販売取引</td><td>・内職商法（新聞の広告やダイレクトメール、自宅への電話などで勧誘して高額な道具を購入させるが、仕事はまったく紹介しないという商法）
・モニター商法（収入が得られる仕事を提供するが、その仕事に使うことを理由に商品を販売する商法）</td></tr>
<tr><td>通信販売</td><td>・カタログやインターネットといった非対面の手段を利用して広告することで、販売業者と契約させる商法</td><td rowspan="2">クーリング・
オフ制度がない</td></tr>
<tr><td>ネガティブオプション</td><td>・送り付け商法（注文していない商品を一方的に送り付け、後から代金を請求する商法）</td></tr>
</table>

Q クーリング・オフに応じなければならない取引にはどんなものがあるのでしょうか。告知書面の書き方についても教えてください。

A クーリング・オフを日本語に訳すと「頭を冷やす」という意味になります。事業者との契約後、２、３日後になって冷静に考えてみると「必要のない契約をした」と後悔し、契約を解除したいと思うことがよくあります。そのような場合のために、一定期間の間は、消費者から申込を撤回し、または契約を解除できることを法律で認めています。この法律で認められた一定期間がクーリング・オフ期間です。この期間を過ぎるとクーリング・オフができなくなります。

クーリング・オフは、書面または電磁的記録を発信した時に効力が発生します。たとえば、クーリング・オフができる期間の最終日に書面を発信したが、事業者に届いたのはその３日後だったとしても、契約は解除されたことになります。クーリング・オフにより、事業者は消費者が支払った代金全額をすぐに返還する義務を負います。

■ クーリング・オフできる主な取引

クーリング・オフできる取引	クーリング・オフ期間
訪問販売	法定の契約書面を受け取った日から８日間
電話勧誘販売	法定の契約書面を受け取った日から８日間
マルチ商法（連鎖販売取引）	クーリング・オフ制度告知の日から20日間
現物まがい商法（預託取引）	法定の契約書面を受け取った日から14日間
海外先物取引	海外先物契約締結の翌日から14日間
宅地建物取引	クーリング・オフ制度告知の日から８日間
ゴルフ会員権取引	法定の契約書面を受け取った日から８日間
投資顧問契約	法定の契約書面を受け取った日から10日間
保険契約	法定の契約書面を受け取った日から８日間

※契約日・受領日・告知日から起算。ただし、海外先物取引は契約日の翌日から起算。

●告知書面の書き方

特定商取引法では、訪問販売・電話勧誘販売・連鎖販売取引・特定継続的役務提供・業務提供誘引販売取引・訪問購入の各取引について、消費者にクーリング・オフを認めています。事業者は購入者からこれらの契約の申込を受けた際には、書面を交付してクーリング・オフに関する事項を告知しなければなりません。

告知は赤枠の中に赤字で、日本産業規格Ｚ八三〇五に規定する８ポイント以上の大きさの文字で記載します。たとえば、訪問販売の場合には以下のように記載します。

【クーリング・オフのお知らせ】

- 書面受領日を含む８日間は、書面又は電磁的記録により無条件に売買契約の申込の撤回または契約の解除をすることができます。
- クーリング・オフの効力はお客様が書面（下記参照）又は電磁的記録により発信した時（消印日付）から発生します。
- クーリング・オフをした場合、損害賠償または違約金の支払いの必要はなく、お客様が支払っている金銭等があれば全額返金し、手数料のご負担もございません。
- 申込が営業のため、もしくは営業として締結された場合にはクーリング・オフの適用はありません。

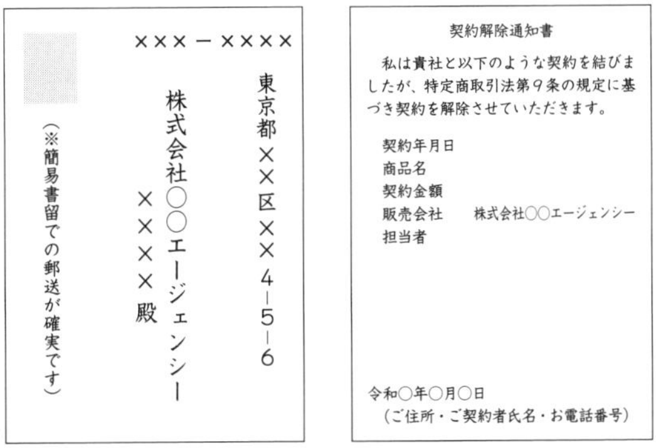

(表)　(裏)

18 特定商取引法の通信販売の規制について知っておこう

通信販売は特定商取引法の適用を受ける

通信販売とは

通信販売については原則として、すべての商品や役務の販売に特定商取引法が適用されます。ただし、権利については「特定権利」を販売する場合に限って特定商取引法が適用されます。

なお、通信販売で商品などを販売しても、特定商取引法が適用されない場合もあります。まず、事業者間の取引には適用されません。裏を返せば、事業者と消費者との間の取引にのみ適用されるということです。また、海外の人に販売する場合や、事業者が従業員に販売する場合なども適用されません。さらに、他の法律により消費者保護が図られている取引についても適用されません。

返品制度がある

通信販売にはクーリング・オフが認められていませんが、返品制度が導入されています。返品制度は、通信販売で購入した商品の到着日（特定権利の場合は権利移転日）から起算して８日以内であれば、消費者（購入者）の負担で自由に返品することを認める制度です。ただし、通信販売の広告に、あらかじめ「購入者都合による返品はできない」ことが記載されている場合は、返品制度の利用ができません。この点がクーリング・オフとの違いといえます。

したがって、返品制度を認めるかどうかは事業者次第ということになります。ただ、「返品不可」の表示があっても、事業者の販売した商品などに破損や欠陥などがある場合、消費者は、民法が定める契約不適合責任に基づいて契約を解除した上で、原状回復として返品することが可能です。もっとも、消費者が事業者に対して契約不適合責任を追及するときは、まず期間を定めて履行の追完（たとえば、破損や欠陥などのない商品の引渡し）を請求します。それでも事業者による履行の追完がなければ、消費者は契約の解除ができます。このとき、契約を解除すれば返品が可能になります。その際、事業者は代金を受領済みであれば、それを消費者に返還しなければなりません。

通信販売の広告には必要的記載事項がある

通信販売では、消費者は広告を見ることで商品を購入するかどうかを判断します。そこで、特定商取引法は、通信販売を行う際の広告に一定の事項を表示することを義務付けています。この一定の事項のことを必要的記載事項といいます（94ページ図）。ネットショップの商品紹介の各ページに「特定商取引法に基づく表示」へのリンクが貼られていることが多いですが、これは共通する必要的記載事項をまとめて掲載したものです。以下、主な必要的記載事項を見ていきましょう。

①　販売価格

商品の価格が曖昧に記載されていて、実際に取引するまで正確な支払額がわからないと消費者は不安になります。そこで、商品の販売価格は、消費者が実際に支払うべき「実売価格」を記載することが必要

■ 通信販売と返品制度

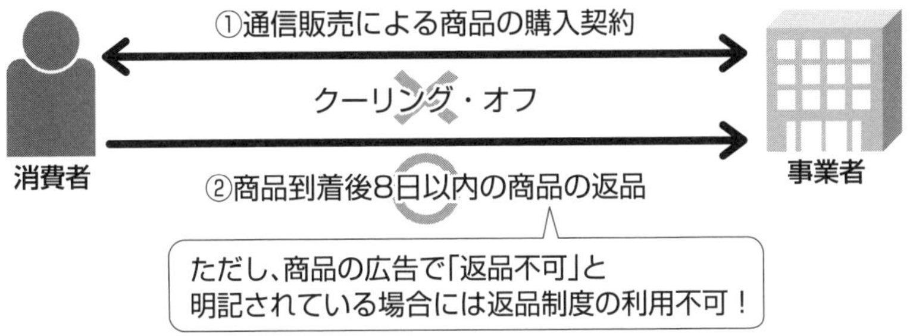

です。希望小売価格、標準価格などを表示していても、その金額で取引されていなければ「実売価格」の表示とはいえません。消費税の支払いが必要な取引では、消費税込の価格を記載する必要があります。

② 送料

購入者が送料を負担する場合は、販売価格とは別に送料の明記が必要です。送料の表示を忘れると「送料は販売価格に含まれる」と推定され、送料を請求できなくなるおそれがあります。送料は購入者が負担すべき金額を具体的に記載します。「送料は実費負担」という記載は具体性を欠くため不適切です。

全国一律の送料で商品を配送する場合は、「送料は全国一律○○円」と簡単に表示できます。一方、全国一律ではない場合は、配送地域ごとに送料がいくらになるかを記載すべきです。この場合、商品の重量やサイズ、発送地域を記載した上、配送会社の料金表のページへのリンクを張る方法も可能です。

③ その他負担すべき金銭

「その他負担すべき金銭」は、販売価格と送料以外で、購入者が負担すべきお金のことです。たとえば、組立費、梱包料金、代金引換手数料などが代表的なものです。取引にあたっては「その他負担すべき金銭」の内容と金額を表示することが必要です。組立費などの費目を明示し、具体的な金額を記載します。購入者がどれだけの費用がかかるのかを正確に知り、安心して取引できるようにするためです。したがって、「梱包料金、代金引換手数料は別途負担」とだけ記載し、具体的な金額を明記していないものは不適切な表示となります。

④ 代金（対価）の支払時期

購入者が代金をいつ支払うかは取引の重要事項なので、具体的に表示する必要があります。代金の支払時期は、前払い、後払い、商品の引渡しと同時（代金引換）などのパターンがあります。たとえば、後払いの場合は、「商品到着後、１週間以内に同封した振込用紙で代金をお支払いください」などと記載します。一方、代金引換の場合は、「商品到着時に、運送会社の係員に代金をお支払いください」などと記載します。

⑤　商品の引渡し時期

通信販売は、注文のあった商品が購入者の手元に届くまでの期間を明確に表示する必要があります。具体的には、商品の発送時期（または到着時期）を明確に表示します。前払いの場合には、「代金入金確認後○日以内に発送します」のように記載します。一方、代金引換の場合は、たとえば「お客様のご指定日に商品を配送します」と表示します。なお、「時間を置かずに」という意味で、「入金確認後、直ちに(即時に、速やかに）発送します」と記載することも可能です。

⑥　代金（対価）の支払方法

代金の支払方法が複数ある場合には、その方法をすべて漏らさずに記載する必要があります。たとえば、「代金引換、クレジット決済、銀行振込、コンビニ決済、現金書留」のように、支払方法をすべて列挙します。

⑦　返品制度に関する事項

事業者は、返品の特約として、返品の有無とその期間などを明確に記載する必要があります。具体的には、返品に応じる場合は、返品にかかる送料などの費用の負担や、返品を受け付ける期間などを記載します。たとえば、「商品に欠陥がない場合でも○日以内に限り返品が可能です。この場合の送料は購入者負担とします。」などと記載します。反対に、返品に応じない場合は、「商品に欠陥がある場合を除き、返品には応じません」などと記載します。

もし販売業者が広告に返品の特約に関する事項を表示しないと、商品に欠陥がなくても、商品を受け取った日から起算して８日以内は、購入者が送料を負担して返品ができます。

⑧　事業者の氏名（名称）、住所、電話番号

個人事業者の場合は、氏名（または登記された商号）、住所、電話番号を記載します。法人の場合は、名称、住所、電話番号、代表者の氏名（または通信販売業務の責任者の氏名）を記載します。

「氏名（名称）」は、戸籍または商業登記簿に記載された氏名または商号を記載します。通称名、屋号、サイト名の記載は認められません。

「住所」「電話番号」は、事業所の住所と電話番号を記載します。住所は実際に活動している事業所の住所を省略せず正確に記載し、電話番号は確実に連絡がとれる番号を記載します。

■ 通信販売における広告の必要的記載事項 ……………………

①商品、権利の販売価格または役務の対価（販売価格に商品の送料が含まれない場合には、販売価格と商品の送料）
②商品・権利の代金または役務の対価についての支払時期と支払方法
③商品の引渡時期、権利の移転時期、役務の提供時期
④契約の申込の撤回や解除（主に返品制度）に関する事項
⑤販売業者・サービス提供事業者の氏名（名称）、住所および電話番号
⑥法人がホームページ等により広告する場合には代表者または責任者の氏名
⑦申込の有効期限があるときは、その期限
⑧購入者の負担する費用がある場合にはその内容と金額
⑨契約不適合責任についての定めがある場合にはその内容
⑩ソフトウェアに関する取引である場合にはソフトウェアの動作環境
⑪商品の売買契約を２回以上継続して締結する必要があるときは、その旨及び金額、契約期間その他の販売条件
⑫商品の販売数量の制限、権利の販売条件、役務の提供条件がある場合はその内容
⑬広告表示を一部省略する場合の書面請求（カタログの別途送付など）の費用負担があるときは、その費用
⑭電子メール広告をする場合には電子メールアドレス

「通信販売業務の責任者の氏名」は、通信販売を手がける法人事業部門の責任者（担当役員や担当部長）の氏名を記載します。「代表者の氏名」を記載するのであれば、通信販売業務の責任者の氏名の記載は不要です。なお、ホームページに記載する場合には、画面のスクロールや切り替えをしなくても、事業者の氏名、住所、電話番号などは、消費者側（購入者）が見たいと思った時にすぐ探せるように、画面上の広告の冒頭部分に表示するか、「特定商取引法に基づく表記」というタブからリンクを貼るなどの方法を講じるべきです。

⑨　契約不適合責任についての定め

契約不適合責任とは、商品の種類・品質などが契約の内容に適合しない場合（契約不適合）に販売業者が負う責任のことです。契約不適合責任に関する特約がある場合には、その内容を記載する必要があります。事業者の契約不適合責任をすべて免除する特約は、特に購入者が消費者である場合に消費者契約法の適用によって無効となります(82 ～ 83ページ)。なお、特約の記載がない場合は、民法などの原則に基づいて処理されます。

必要的記載事項を省略できる場合もある

広告スペースなどの関係で、必要的記載事項をすべて表示することが難しい場合には、以下の要件を満たせば、その表示を一部省略できます。まず、広告上に「消費者からの請求があった場合は必要的記載事項を記載した文書または電子メールを送付する」と記載することが必要です。あわせて実際に消費者から請求があった場合に、必要的記載事項を記載した文書または電子メールを遅滞なく送付できる措置を講じていなければなりません。

「遅滞なく送付」とは、消費者が購入を検討するのに十分な時間を確保できるようになるべく早く送付するという意味です。商品の購入に関して申込期限がある場合に特に重要です。

書式　特定商取引法に基づく表示サンプル

特定商取引法に基づく表示

商品名	商品毎にウェブサイト上に表示しています。
代金	商品毎にウェブサイト上に表示しています。
送料	4,000円以上お買上げの場合は無料、その他の場合は全国一律400円をご負担頂きます。
代金支払方法	次のいずれかの方法によりお支払いください。 ①　クレジットカード番号を入力する。 ②　弊社指定の銀行口座へ振り込む。 ③　コンビニ決済の番号を取得してコンビニで支払う。 ④　商品を届ける宅配業者に現金で支払う。
代金支払時期	①　クレジットカードによるお支払いは商品発送の翌月以降に引き落とされます。 ②　弊社銀行口座へのお振込は商品発送前に前払いしてください。 ③　コンビニでのお支払いは商品発送前に前払いしてください。 ④　代金引換発送は商品お受取り時にお支払いください。
商品の お届け時期	代金引換の場合はお申込日から、その他の場合は決済日又は入金日から１週間以内に発送致します。
お申込後の キャンセル	お申込後のキャンセルはお受け致しかねます。
返品について	商品不具合以外を理由とする返品はお受け致しかねます。
事業者名	株式会社スズタロダイエット
所在地	東京都○○区○○１－２－３
電話番号	03－0000－0000
通信販売業務 責任者	鈴　木　太　郎

第2章

電子帳簿保存法や
インボイス制度の知識

1 会計帳簿について知っておこう

総勘定元帳や補助元帳、現金出納帳、仕訳（日記）帳などがある

会計帳簿にはどんなものがあるのか

取引を行う時には、内容や金額などを取引先へ通知したり、取引の事実を記録として残しておくために、書類を作成します。この書類のことを、会計帳票といいます。会計帳票のうち、１つの取引ごとに単票形式で作成したものを会計伝票、現金取引、手形取引など一定の取引のみを集めて、その履歴を時系列で記録したものを会計帳簿といいます。

主な会計帳簿には、総勘定元帳、補助元帳、現金出納帳、仕訳（日記）帳、預金出納帳、手形帳、売掛帳、買掛帳などがあります。これらの他にも、会社の業務形態に応じて、さまざまな会計帳簿が存在します。

パソコン利用環境下での会計帳簿、会計伝票の処理

総勘定元帳や補助元帳、現金出納帳、仕訳（日記）帳など会計帳簿と一言でいっても多種多様の帳簿組織（帳簿体系のこと）が考えられます。会計伝票も用途によってさまざまです。これらは日々の取引を記録し、集計するための会計ツールで、貸借対照表、損益計算書などの決算書類を作成する基礎資料になります。

これらの会計帳簿を経理で行われる作業に沿って説明しますと、まず経理では起票された会計伝票の正確性がチェックされます。仕訳帳に直接記帳される場合もあります。

次に日次単位ないし月次単位で会計伝票や仕訳帳の仕訳を集計して各勘定元帳に集計金額が転記されます。これを今度は勘定元帳ごとに

再度集計して勘定ごとの一定期間におけるフロー総額と一定時点におけるストック結果を求めます。そのフロー（取引による増減金額の総額）とストック（最終的な残高）は合計残高試算表（T/B）の形にいったんまとめられます。

さらにそこから各勘定の残高金額が精算表に転記され、勘定科目を表示用に組み替えて決算書が誘導的に作成されます。

このような作業を手作業で行うと、記帳から決算書作成まで相当な事務負担が伴うように思えますが、現在ではパソコンによる記帳が主流です。業種、規模によって何通りも構成が考えられる帳簿組織ですが、会計事務ではコンピュータに適した作業であるため、高機能な経理用アプリケーションが多数登場しています。これから始める人でも、いきなりパソコンを使って複式簿記による記帳を行うことも比較的容易にできます。

パソコンが普及していなかった時代に、青色申告（100ページ）で求められる記帳のルールである「複式簿記」の原理に従って記帳することを、経験のない人がいきなり１人で始めることは、まず不可能でした。

しかし、今では、前述したような経理の手順を知らなくても、何がしかの取引や残高に関するデータをパソコンに入力すれば、正しいかどうかは別として必要帳票類、決算書類が出力されます。パソコンを使って会計事務所に頼まずに企業自らが記帳しても、手作業による際のように集計転記に手間はかかりません。決算の精度はひとえに日々の取引データ入力の正確性と適時性に負うところが大きいといえます。

ただし、会計ソフトを利用し、パソコンで記帳する場合であっても、会計特有のチェック項目は手作業もパソコンの場合も同じですから、集計、転記の正確性チェックの負担がなくなる分、決算内容の整合性（たとえば償却資産と減価償却費）など、数値間の分析をしておくことが大切です。

2 取引記録の保存方法について知っておこう

ファイル化してしっかりと保存する

なぜ管理しておく必要があるのか

日常の取引の中で、相手方との間に領収書や納品書などの取引の証拠となる書類が発生します。それらは証憑書類といわれ、記録として経理上重要な書類となります。証憑書類には、注文書、領収書、請求書、物品受領書などがあります。

領収書などの書類は、経費処理などの申告の正しさを税務署へ証明するための証拠書類としての働きもあります。会社が作成したり受け取った証憑書類やそれらを整理した帳簿類については、税務署による税務調査を受けたり、後で調べるときなどのためにきちんと整理しておく必要があります。帳簿書類の備え付け、記録または保存が法令に従って行われていない時は、青色申告（一定の帳簿書類を備えて日々の取引を複式簿記の原則に従い整然かつ明瞭に記録し、その記録に基づいて申告すること）が取り消されてしまう場合もあります。そうなると、特別償却（税法で認められた通常の償却額に加えて、取得価額に一定割合を乗じて算出した金額を上乗せして償却ができること）など、青色申告のさまざまな特典が適用されず、税務上不利な扱いとなりますので注意が必要です。

保存期間は法定されている

法人税に関する帳簿書類の保存期間は原則として７年間です。ただし、青色申告書を提出した事業年度で欠損金額（青色繰越欠損金）が生じた事業年度では10年間であったり、会社法では帳簿の保存期間はもともと10年となっていますので、結局のところ帳簿書類は10年間保存しなければならないことになります。
　帳簿書類の保存方法は、紙による保存が原則ですので、パソコンで作成した帳簿書類についても、原則としてパソコンからアウトプットした紙により保存する必要があります。ただし、一定の場合には電子データで保存することができます（102ページ以降）。
　伝票や証憑書類の整理は、月別、日付順に通し番号を付け、ノートなどに貼り付け、ファイル形式にして保存するのが一般的です。これ以外にも科目別に整理する方法があり、それぞれ日付順、内容別、相手先別に整理します。証憑書類の種類によって使い分けます。
　その他、業務上保存する必要がある書類については、別途規程を作るとよいでしょう。このようにすることで、保管と廃棄の基準もでき、ムダに保管しておく必要もなくなります。ただし、これらの規定は、関係者の意見を集めた上で決めることが大切です。なお、文書は、保管年限ごとに色別にファイルに綴じておくことで、その後の処理も非常に効率がよくなります。
　このように伝票や証憑書類をきちんと整理するということは、会社のお金の流れを管理するという経理の基本的な仕事の他に、誰に対しても、お金の流れが不正なく行われていることを証明することにもなります。

■ 税務調査の対象になる書類

帳簿関係	総勘定元帳や現金出納帳、売上帳、仕入帳、売掛帳、買掛帳、賃金台帳、小切手帳、手形帳、出退勤記録簿、決算書など
証憑関係	請求書や領収書、見積書、注文書、納品書、タイムカードなど
文書関係	議事録や契約書、同族関係取引の契約書、稟議書など
その他	預金通帳やパソコンなど

3 電子帳簿保存法について知っておこう

紙面ではなく、電子媒体による帳簿保存等を可能とするものである

電子帳簿保存法とはどんな法律なのか

経済社会のデジタル化や、環境問題に配慮したペーパーレス化などの状況を踏まえて、会社などで実施される経理業務として決算書を作成するための会計帳簿（国税関係帳簿）や、取引の記録のために必要な領収書などの書類（国税関係書類）の電子化を可能とするために、平成10年に電子計算機を使用して作成する国税関係帳簿書類の保存方法等の特例に関する法律（電子帳簿保存法）が成立しました。ここでの電子化とは、帳簿や各種の書類を電磁的記録（パソコンなどへの入力）で行ったり、電子データのままで入手・作成・保管等を行ったり、紙で入手した書類をスキャナ等に電子化した状態で保管することを意味しており、これらが法的にも認められる取扱いになるということです。また、令和３年度税制改正により、電子帳簿保存等の制度の利用促進を施す措置などがとられました。

なお、国税関係帳簿とは、仕訳帳、現金出納帳、売掛金元帳、固定資産台帳、売上帳、仕入帳などをいい、国税関係書類とは、棚卸表、貸借対照表、損益計算書、注文書、契約書、領収書などをいいます。

経理の業務は、株主・投資家・債権者だけでなく、国税庁や税務署などの多くの利害関係者に対して、取引を客観的な数値に置き換えた決算書や税務申告書を作成するという重要な役割があります。決算書などの作成のためには、透明性の高い情報となるように、原則として紙に基づいて帳簿への記録や書類の作成・入手・保管等を行う必要がありますが、それには人的または資源的にも多くのコストがかかります。これを一定の電子的な方法で記録あるいは保存等ができるように

なれば、コスト削減にもつながり、会社経営的にも効果が発揮されることが期待されます。

ただし、書類などの保存の方法が従来の紙媒体から電子化になることで、紙のように目で容易に書類などが確認できなくなる問題（可視化の問題）や、紙に比べてデータの加工や偽造が行われやすくなる問題（真実性の問題）が起こりうるため、後述するような３つの保存区分に沿ったルールが定められています。

電子帳簿保存法の保存区分には３種類ある

電子帳簿保存法では、その法律の目的達成のために３種類の保存区分を設けています。

①　電子帳簿等保存

パソコンなどの電子計算機を使用して作成する国税関係帳簿書類について、電磁的記録による保存をするときの要件を定めています。電磁的記録とは、電子的方式、磁気的方式等の記録であって、パソコン等の電子計算機による情報処理で利用されるものをいいます。具体的には、ハードディスク、コンパクトディスク、DVD、磁気テープ等の記録媒体上に、情報として使用し得るものとして、情報が記録・保存された状態にあるものをいいます。

②　スキャナ保存

紙で受領または自ら作成した書類を画像データで保存するときの要件を定めています。スキャナ保存の対象となるのは、前述した国税関係書類のうち、棚卸表、貸借対照表及び損益計算書並びに計算、整理または決算に関して作成されたその他の書類を除いたものとなります。

③　電子取引

電子データのみで取引先とやりとりした情報をデータで保存するときの要件を定めています。電子取引とは、取引情報（取引に関して受領し、または交付する注文書、契約書、送り状、領収書、見積書その他これらに準ずる書類に通常記載される事項）の受け渡しを電磁的方式で行う取引をいい、いわゆるEDI取引、インターネット等による取引、電子メールにより取引情報を受け渡しする取引（添付ファイルによる場合を含む）、インターネット上にサイトを設けてそのサイトを通じて取引情報を受け渡しする取引等が含まれます。

電子帳簿等保存を行うための要件（保存方法）について

電子帳簿等保存を行うにあたり、最低限次の３つの要件を満たしていることが必要です。

ⓐ　電子帳簿等の保存に関するソフトウェアの機能などが明記されたシステム関連書類等（例　システム概要書、システム仕様書、操作説明書、事務処理マニュアル等）を備え付ける

ⓑ　保存場所に、パソコンなどの電子計算機、プログラム、ディスプレイ、プリンタ及びこれらの操作マニュアルを備え付けて、画面や書類などがわかりやすい形で速やかに出力できるようにしておく

ⓒ　税務調査などで電磁的記録のダウンロードの求めに応じることができるようにしておく

この他に、「優良な電子帳簿の要件」として、さらに次のⓓ～ⓕの３つが要求されています。「優良な電子帳簿の要件」をすべて満たしている場合には、それが満たしている旨を記載した届出書を事前に所轄税務署長に提出することで、その後申告漏れが生じても過少申告加算税が５％軽減されます。

なお、「優良な電子帳簿の要件」を満たしている場合には、上記の最低限必要なⓐ～ⓒのうちⓒの要件は不要となります。

ⓓ　記録事項の訂正・削除を行った場合には、これらの履歴などが確認できるソフトウェアなどの電子計算機処理システムを使用する

ⓔ　電子化した帳簿の記録事項と、それに関連する他の帳簿等の記録との相互の関連性が確認できるようにしておく

ⓕ 「取引年月日」「取引金額」「取引先」、日付や金額の範囲指定、さらにこれらの複数の項目を組み合わせた検索が可能になるようにしておく

スキャナ保存を行うための要件（保存方法）について

スキャナは、保存の対象となる書類をプリンタなどで読み込んだり、写真で画像を取って、パソコンなどに保存をすることになります。主な保存方法は次の通りです。

・タイムスタンプなどでデータ作成・入手の日付や加工ができないような設定を行う
・タイムスタンプの付与期間は最長で２か月と概ね７営業日以内と定められている（特に、取引が比較的集中しがちな月末の取引などは計画的に対応が必要）
・データの保存の際には、この後に修正が行われた場合のバージョン管理、帳簿との相互関連性の確保、会社管理上や税務調査などでの検索機能の確保、データ保管された書類についてタイムスタンプも含めて容易に解読が可能な装置・システムを備え付けておく（令和５年度税制改正により、令和６年１月１日以後にスキャナ保存が行われる国税関係書類で相互関連性が要求されるのは、契約書・領収

■ 電子帳簿保存法の保存区分 ……………………………………

※電子取引についてはクラウドサービスも含まれる

書・送り状・納品書等のような資金や物の流れに大きく関係する重要書類に限定される）

電子取引データ保存を行うための要件（保存方法）について

電子取引データの保存は、上記の「電子帳簿等保存を行うための要件」と同じような管理が必要です。電子帳簿保存法では、①真実性の要件と②可視化の要件の２つに分けて、次のように定めています。

①　真実性の要件

次のいずれかの措置を行う。

・タイムスタンプが付された後、取引情報の授受を行う

・取引情報の授受の後、速やかにタイムスタンプを付すと共に、保存を行う者または監督者に関する情報を確認できるようにしておく

・記録事項の訂正・削除を行った場合に、これらの内容等を確認できるシステム、または記録事項の訂正・削除ができないシステムにより、これらの取引情報の保存を行う

・正当な理由のない訂正・削除の防止に関する事務処理規定を定めて運用を行う

②　可視化の要件

・保存場所に、パソコンなどの電子計算機、プログラム、ディスプレイ、プリンタ及びこれらの操作マニュアルを備え付けて、画面や書類などがわかりやすい形で速やかに出力できるようにしておく

・ソフトウェアなどの電子計算機処理システムの概要書を備え付ける

・検索機能を確保する

4 電子帳簿をめぐる問題点を整理しておこう

実務上はさらに細かな留意事項がある

紙または電子データのどちらで保存してもよい帳簿書類とは

ここでの帳簿書類とは、①会計ソフトなどで作成された会計帳簿、②会社などが仕入を行った際に取引先が発行する領収書などの受領書類、③会社などが販売を行った際に取引先へ発行する領収書の控えのような、会社側で残す書類としての提供書類の控え、の３つを指します。ただし、②③の受領書類や提供書類の控えは、その書類の発行者側が紙で作成している状態が前提となります。

電子データによる保存のみが認められる帳簿書類とは

昨今は、ITの普及で商取引により作成されていた領収書などの書類が、紙ではなく電子データのみでやりとりをするというような電子取引が増えてきました。このように、紙を使用せずに電子媒体のみでやりとりをしている場合には、原則として令和４年１月１日以後に行う電子取引については、電子データ（請求書や領収書等に通常記載される日付、取引先、金額等の情報）での保存が義務付けられています。

ただし、電子データ保存の仕組みの準備期間が２年間設けられており、その期間ではプリントアウトして紙での保管も認められているため、実際上は令和６年１月１日以後に行う電子取引から電子データでの保存が要求されることになっています。

電子取引でのやりとりにはどのようなものがあるのか

電子取引では、たとえば次のような書類（電子データ等）のやりとりが行われます。これらのデータは各税法に定められた保存期間が満了するまで保存する必要があります。また、取引慣行や社内のルール等により、データとは別に書面の請求書や領収書等を原本として受領している場合は、その原本（書面）を保存する必要があります。

・電子メールにより請求書や領収書等のデータ（PDFファイル等）を受領
・インターネットのホームページからダウンロードした請求書や領収書等のデータ（PDFファイル等）またはホームページ上に表示される請求書や領収書等のスクリーンショットを利用
・電子請求書や電子領収書の授受に関してクラウドサービス（手もとの保管データではなくネットワークで直接情報処理などを行うもの）を利用
・クレジットカードの利用明細データ、交通系ICカードによる支払データ、スマートフォンアプリによる決済データ等を活用したクラウドサービスを利用
・特定の取引に関するEDIシステムを利用
・ペーパーレス化されたFAX機能を持つ複合機を利用
・請求書や領収書等のデータをDVD等の記録媒体を介して受領
・スマホアプリによる決済により、アプリ提供事業者から利用明細等を受領

どのような書類がスキャナ保存の対象となるのか

国税関係書類のうち、棚卸表、貸借対照表及び損益計算書などの計算、整理または決算関係書類を除くすべての書類が対象となります。

なお、スキャナ保存により電磁的記録の保存をもって国税関係書類の保存に代える日よりも前に作成または受領した重要書類については、所轄税務署長等に適用届出書を提出したときは、一定の要件の下、スキャナ保存をすることができます。売上伝票などの伝票類は、国税関係書類に該当しないためスキャナ保存の適用はありません。

タイムスタンプには、どのような要件を満たす必要があるか

電子帳簿保存法で使用可能なタイムスタンプは、以下の要件を満たすものに限ります。

① 当該記録事項が変更されていないことについて、当該国税関係書類の保存期間を通じ、当該業務を行う者に対して確認する方法その他の方法により確認することができること

② 課税期間中の任意の期間を指定し、当該期間内に付したタイムスタンプについて、一括して検証することができること

具体的には、タイムビジネスの信頼性向上を目的として、一般財団法人日本データ通信協会が定める基準を満たすものとして認定された時刻認証業務によって付与され、その有効性が証明されるものになります。

また、認定を受けたタイムスタンプ事業者には、「タイムビジネス信頼・安心認定証」が交付され、以下に示す「タイムビジネス信頼・

■ 帳簿書類等の保存方法

種 類	作成方法	保存方法
帳簿	会計ソフトなどで作成	出力した紙 or 電子データ(※)
	手書きで作成	作成した紙
受領書類	紙などで受領	出力した紙 or 電子データ
提供書類(控)	一定のソフトなどで作成	出力した紙 or 電子データ(※)
	手書きで作成	作成した紙 or スキャンした電子データ
電子取引	取引に際してすべて電子データのみでのやりとり	電子データ

※スキャンしたものやCOM(電子計算機出力マイクロフィルム)なども含む

安心認定マーク」を使用できることから、その事業者の時刻認証業務が一般財団法人日本データ通信協会から認定されたものであるか否かについては、この認定マークによって判断することもできます。

インボイス制度と電子帳簿保存法との関係

インボイス制度（適格請求書等制度）とは、令和５年10月１日以降に導入される制度です。具体的には、請求書を発行する消費税の課税事業者が、事前に「適格請求書等発行事業者」として税務署に届け出を行い、一定の登録を受けることで、令和５年10月１日以降に行った取引については、その者から発行された適格請求書（インボイス）のみが、消費税の仕入税額控除が受けられるというしくみです。この制度は、会社などが預かった消費税が漏れなく適切に国に納められるように消費税法で設けられたものであり、電子帳簿保存法とはその目的が異なるため、インボイス制度と電子帳簿保存法とは直接的な関係はありません。

ただし、インボイス制度は、これまでの実務で使用されてきた請求書の発展形態ではあるものの、電子帳簿保存法の国税関係書類の中の位置付けとしては従来の請求書と実質的に変わりありません。たとえば、ペーパーレスで書類のやりとりを行うのであれば、電子版の適格請求書等を作成して発行するということになります。つまり、適格請求書等の発行が紙なのか電子データなのかなどによって、前述したように保存方法が変わってくるということになります。

なお、消費税につき保存義務者が行う電子取引の取引情報に関する電磁的記録の保存については、その保存の有無が税額計算に影響を及ぼすことなどを勘案して、その電磁的記録を書面に出力することにより保存することも認められています。

電子取引で、電子メールでやりとりしている場合にはどのような保存を行うのか

電子メールでの取引情報は、取引に関して受領し、または交付する注文書、領収書等に通常記載される事項をいうことから、電子メールにおいてやりとりされる情報のすべてが取引情報に該当するものではありません。したがって、そのような取引情報の含まれていない電子メールまでも保存する必要はありません。

具体的には、電子メール本文に取引情報が記載されている場合は当該電子メールを保存する必要がありますが、電子メールの添付ファイルにより受け渡しされた取引情報（領収書等）については当該添付ファイルのみを保存しておけばよいことになります。

なお、請求書をクラウドサービスにより受領したものと電子メールにより受領したものがある場合のように、同一の請求書を２つの電子取引により受領した場合は、それが同一内容であれば、いずれか一つの電子取引に対する請求書を保存しておけばよいこととなります。

請求書や領収書等を電子的に（データで）受け取った場合、どのように保存をするのか

電子的に受け取った請求書や領収書等については、データのまま保存しなければならないとされており、その真実性を確保する観点から、以下のいずれかの条件を満たす必要があります。

・タイムスタンプが付与されたデータを受領
・速やかに（または事務処理規程に基づく場合はその業務の処理に関する通常の期間を経過した後、速やかに）タイムスタンプを付与
・データの訂正削除を行った場合にその記録が残るシステムまたは訂正削除ができないシステムを利用
・訂正削除の防止に関する事務処理規程を策定、運用、備付け

また、事後的な確認のため、検索できるような状態で保存することや、

ディスプレイ等の備付けも必要となります。検索できるような状態とは、具体的には次のすべての要件を満たす必要があります。

・取引年月日その他の日付、取引金額及び取引先を検索の条件として設定することができること

・日付または金額に関する記録項目については、その範囲を指定して条件を設定することができること

・二つ以上の任意の記録項目を組み合わせて条件を設定することができること

電子取引で入手した電子的な請求書や領収書等の簡便的な保存方法

前述したように、PDFといったような電子取引で入手した請求書や領収書などの書類はタイプスタンプなどの方法により保管などを行う必要がありますが、特別な請求書等保存ソフトをもっていない場合には、たとえば以下のような方法で保存をすることも可能です。

① 請求書データ（PDF）のファイル名に、規則性をもって内容を表示する。

例）2023年７月31日に株式会社○○社から受領した10,000円の請求書 ⇒「20230731_㈱○○社_10000」

この規則性を担保する方法として、次ページ図のような索引簿を作成して請求書等のデータを検索する方法も可能です。

② 「取引の相手先」や「各月」など任意のフォルダに格納して保存する。

③ 事務処理規程を作成し備え付ける。

なお、基準期間（通常は２年前）の売上高が1,000万円以下（令和５年度税制改正により、令和６年１月１日以後にやりとりを行う電子取引データについては5,000万円以下）であり、税務調査の際などにダウンロードの求めに応じることができるようにしておく場合には、上記①の設定は不要です。

従業員が会社の経費等を立て替えて領収書を電子データで受領した場合等の留意事項

従業員が支払先から電子データにより領収書を受領する場合も、その行為が会社の行為として行われる場合には、会社としての電子取引に該当します。そのため、この電子取引に関する電磁的記録については、従業員から集約し、会社として取りまとめて保存し、管理することが望ましいですが、一定の間、従業員のパソコンやスマートフォン等に保存しておきつつ、会社としても日付、金額、取引先の検索条件に紐づく形でその保存状況を管理しておくことも認められます。

なお、この場合においても、税務調査の際にはその従業員が保存する電磁的記録について、税務職員の求めに応じて提出する等の対応ができるような体制を整えておく必要があり、電子データを検索して表示するときは、整然とした形式及び明瞭な状態で、速やかに出力することができるように管理しておく必要があります。

■ 電子取引で入手した領収書等の簡便的な保存方法（索引簿の例）

連番	日付	金額	取引先	書類名等
A1	20230306	11000	○○株式会社	請求書
A2	20230407	22000	有限会社○○	請求書
A3	20230511	33000	株式会社□□	領収書
A4	20230630	12100	△△株式会社	領収書
A5	20230712	16500	株式会社 XXX	請求書
・・	・・	・・	・・	・・
・・	・・	・・	・・	・・
・・	・・	・・	・・	・・

5 消費税とインボイス制度について知っておこう

令和5年10月から適格請求書等（インボイス）へ移行される

どんな税金なのか

消費税とは、「消費をする」という行為に税を負担する能力を認め、課される税金です。「消費をする」とは、物を購入する、賃貸する、情報などのサービスを受ける、というような行為のことをいいます。

税を負担するのは法人・個人にかかわらず消費行為をした「消費者」です。税金は、消費者から商品やサービスの代金と一緒に徴収されます。消費者から代金と一緒に徴収された消費税は、実は税金を徴収した店や会社が納付することになっています。このような税の負担者が直接納付せず、負担者以外の者が納付するしくみの税金を、間接税といいます。

平成元年に３％の税率で導入された消費税は、平成９年４月１日から５％に税率が引き上げられました。その内訳は、国税４％、地方税１％という構成です。この税率が平成24年８月に成立した「社会保障の安定財源の確保等を図る税制の抜本的な改革を行うための消費税法の一部を改正する等の法律」の成立により、平成26年４月１日からは国税6.3％及び地方税1.7％で合計８％に、そして令和元年10月１日からは国税7.8％及び地方税2.2％で合計10％に、税率が引き上げられました。また、時を同じくして一定の飲食料品や新聞については軽減税率（税率８％）も導入されました。

具体例で見る流通の流れ

消費税は、店や会社などの事業者が消費者の代わりに徴収して納めるということでした。買い物をしたときに店から受け取るレシートを見ると、本体○○円、消費税××円というように、内訳に消費税額が記載されています。しかし、この金額は、そっくりそのまま税務署へ納められるわけではありません。

消費税を納めるべき事業者は、商品やサービスを消費者へ供給する立場ですが、一方で商品を仕入れたり備品を購入したりするため、消費者の立場でもあります。つまり事業者は物品の購入等と共に税を負担し、消費者からは税を徴収しているということになります。

もし徴収した税額のみを納めた場合、自身が負担した税はコストの一部となり、販売金額に上乗せされてしまいます。税額が流通ルートに乗って、雪だるま式にふくれあがってしまうわけです。消費税の計算は、このような「税の累積」を排除するため、実は徴収した税額から負担した税額を控除して納めるしくみになっています。

具体例を使って、商品の製造から消費者に届くまでの流れを見ていきましょう。税率は通常税率である10％とします。

ある商品が製造業者甲社、から卸売業者乙社を経て、消費者に渡る

■ 消費税のしくみ

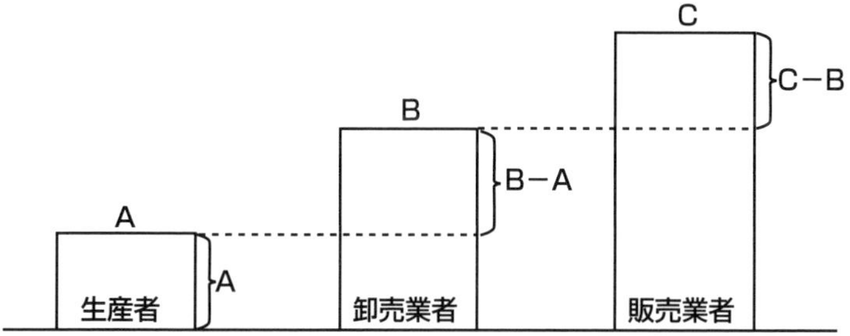

生産者が納付する消費税	A
卸売業者が納付する消費税	B−A
販売業者が納付する消費税	C−B
納付される消費税の合計	=A+(B−A)+(C−B)
	=C
	=最終消費者が負担する消費税

とします。製造業者である甲社は、販売価格10,000円の商品を作ったとします。ちなみに、これに対する消費税額は1,000円です。この商品を卸業者乙社に販売した場合、甲社は乙社から商品代金10,000円と同時に消費税1,000円も受け取ります。この時に徴収した1,000円の消費税は、甲社が申告、納付することになります（製造のためのコストはなかったものとします）。

乙社は10,000円で甲社から仕入れた商品を、消費者に20,000円で販売したとします。乙社は消費者から20,000円と消費税2,000円を徴収します。乙社が受け取った消費税は2,000円ですが、ここから甲社へ支払った1,000円を控除し、残額の1,000円を申告、納付することになります。

甲社から消費者までの納付税額の流れは以下のような算式になります。

1,000円＋（2,000円－1,000円）＝2,000円

つまり、納められた消費税の合計額は、最終消費者が負担した2,000円と一致することがわかります。甲社、乙社は、消費者から預かった税金をそれぞれ分担して納付しているということになります。

区分記載請求書等と適格請求書等

令和元年10月以降は、軽減税率８％と標準税率10％が併存しており、請求書等の記載事項に留意する必要があります。請求書等については、具体的には、軽減税率制度が開始された令和元年10月１日から令和５年９月30日までの取引は「区分記載請求書等制度」が適用されており、そして令和５年10月１日からの取引より「適格請求書等制度（インボイス制度）」が適用されます。

区分記載請求書等の記載事項（令和５年９月30日以前の取引）

区分記載請求書等制度では、売り手は買い手からの求めに応じて次のような記載事項を完備した区分記載請求書等を買い手に交付する必要があります。

① 区分記載請求書等発行者（売り手）の氏名または名称
② 取引年月日
③ 取引の内容（軽減税率の対象資産の譲渡等があればその旨）
④ 税率ごとに区分して合計した課税資産の譲渡等の対価の額（税込額）
⑤ 書類の交付を受ける事業者（買い手）の氏名または名称

なお、不特定多数の者に対して販売等を行う小売業等については、買い手の氏名等の記載を省略できます。

適格請求書等の記載事項（令和５年10月１日以降の取引）

令和５年10月１日から始まるインボイス制度では、売り手（課税事業者）は買い手からの求めに応じて次のような記載事項を完備した適格請求書等を買い手に交付し、また交付した適格請求書の写しを保存する義務が課されます。

① 適格請求書発行事業者（売り手）の氏名または名称及び登録番号
② 取引年月日
③ 取引内容（軽減税率の対象品目である場合はその旨）
④ 税率ごとに合計した対価の額（税抜または税込）及び適用税率
⑤ 税率ごとに区分して合計した消費税額等
⑥ 書類の交付を受ける事業者（買い手）の氏名または名称

区分記載請求書等とは次の点が異なります。①の売り手の氏名等には、適格請求書発行事業者としての登録番号の記載が追加されます。登録番号は「Ｔ＋13桁」になり、法人の場合の13桁は法人番号と同じになります。④の対価の額には、税率ごとの合計の対価の額が税抜または税込で記載することになり、適用税率の記載が追加されます。⑤では、消費税額の記載が追加されます。

なお、不特定多数の者に対して販売等を行う買い手の氏名等の記載省略の取扱いについても区分記載請求書等の場合と同様です。

「軽減対象資産の譲渡等である旨」の記載の仕方

軽減税率の対象となる商品がある場合には、区分記載請求書等も適格請求書等も、軽減対象資産の譲渡等であることが客観的に明らかだといえる程度の表示が必要であり、たとえば次のいずれかのように記載します。

・個々の取引ごとに８％や10％の税率を記載する
・８％の商品に「※」や「☆」といった記号や番号等を表示し、かつ、「※（☆）は軽減対象」などと表示することで、軽減対象資産の譲渡等である旨」を明らかにする
・８％の商品と10％の商品とを区別し、８％として区別されたものについて、その全体が軽減税率の対象であることを記載する
・８％の商品と10％の商品で請求書を分けて作成し、８％の請求書には軽減税率の対象であることを記載する

会計帳簿への記載事項

会計帳簿には、区分記載請求書等や適格請求書等いずれにおいても、「仕入先の氏名または名称」「取引年月日」「取引の内容」「取引金額」の他に、その商品が軽減税率８％の対象であれば取引の内容に「軽減税率の対象品目である旨」を明記する必要があります。つまり、その取引が軽減税率の対象であるのかどうかを帳簿上区分しておく必要があ

■ 会計帳簿の記載例

総勘定元帳（仕入）			
月　日	相手科目	摘　要	借　方
10/31	現金	○○食品㈱　※米・牛肉　10月分	19,440
10/31	現金	○○食品㈱　ビール　10月分	6,600
			※軽減税率対象

区分記載請求書等の場合も適格請求書等の場合も、「軽減税率の対象品目である旨」を追記する

るということです。

インボイス制度導入後の免税事業者からの課税仕入の取扱いはどう変わる

区分記載請求書等は誰でも発行することができますが、適格請求書等を発行するには、事前に税務署へ一定の申請を行って適格請求書発行事業者として登録を受けておく必要があります。この登録は課税事業者でないと行えないルールとなっていますので、免税事業者は課税事業者に変更しない限り適格請求書等の発行ができません。

また、課税仕入に対する仕入税額控除の適用を受けるには、適格請求書発行事業者が発行する適格請求書等を受領する必要があるため、免税事業者が発行する請求書等では、令和５年10月以降は原則として仕入税額控除を受けることができなくなります。ただし、区分記載請求書等と同様の事項が記載された請求書等を保存し、帳簿に軽減税率

■ 適格請求書の記載例（令和５年10月１日以降）

株式会社○○御中

請求書

東京都 XX 区 XX1-23-4
○○株式会社
(登録番号 TXXXXXXXXXXXXX)

令和5年 10 月分

月日	品名	金額
10／ 1	米　　※	10,800 円
10／ 8	牛肉　※	8,640 円
10 /20	ビール	6,600 円
合計		26,040 円

(　8% 対象　18,000 円　消費税 1,440 円)
(10% 対象　6,000 円　消費税　600 円)
※軽減税率対象

に関する経過措置の規定の適用を受けることが記載されている場合には、次の一定期間においては仕入税額相当額の一定割合を仕入税額として控除できる経過措置が設けられています。

・令和５年10月１日から令和８年９月30日までの期間は仕入税額相当額の80％

・令和８年10月１日から令和11年９月30日までの期間は仕入税額相当額の50％

インボイス制度で認められる請求書等には次のものがあります。

・適格請求書または適格簡易請求書

・仕入明細書等（適格請求書の記載事項が記載されており、相手方の確認を受けたもの）

・卸売市場において委託を受けて卸売の業務として行われる生鮮食品等の譲渡及び農業協同組合等が委託を受けて行う農林水産物の譲渡について、委託者から交付を受ける一定の書類

・上記の書類に関する電磁的記録（電子ファイル等）

適格簡易請求書とは

不特定多数の者に対して販売等を行う小売業、飲食店業、タクシー業等については、通常の適格請求書等とは異なり次の通り記載事項を一部簡略化した「適格簡易請求書」を交付することができます。

①　適格請求書発行事業者（売り手）の氏名または名称及び登録番号

②　取引年月日

③　取引内容（軽減税率の対象品目である場合はその旨）

④　税率ごとに合計した対価の額（税抜または税込）

⑤　税率ごとに区分して合計した消費税額等または適用税率

適格請求書との違いは、買い手の氏名（名称）の記載が不要であること、また消費税額等または適用税率のいずれかを記載（適格請求書は両方とも記載）すればよいことになっています。

適格請求書の交付義務が免除される場合

不特定多数の者などに対してその都度適格請求書を交付するのも実務上困難が生じる場合があり、以下の取引などは適格請求書の交付義務が免除されます。

① 公共交通機関による旅客の運送（３万円未満のもの）
② 出荷者等が卸売市場において行う生鮮食料品等の譲渡（出荷者から委託を受けた受託者が卸売の業務として行うもの）
③ 生産者が行う農業協同組合、漁業協同組合または森林組合等に委託して行う農林水産物の販売（無条件委託方式かつ共同計算方式により生産者を特定せずに行うもの）
④ 自動販売機及び自動サービス機により行われる課税資産の譲渡等（３万円未満のもの）
⑤ 郵便切手類を対価とする郵便・貨物サービス（郵便ポストに差し出されたもの）

インボイス（適格請求書等）を発行するための手続き

適格請求書等を発行できるようにするためには、「適格請求書発行事業者の登録申請書」を納税地を所轄する税務署長に提出する必要があります（郵送により登録申請書を提出する場合の送付先は、各国税局のインボイス登録センター）。

インボイス制度の開始日である令和５年10月１日から適格請求書等を発行するには、令和５年９月30日までに提出し、税務署長により適格請求書発行事業者の登録を受ける必要があります。

適格請求書発行事業者の情報は、「国税庁適格請求書発行事業者公表サイト」において、適格請求書発行事業者の氏名または名称、本店または主たる事務所の所在地（法人の場合）、登録番号、登録年月日、登録取消年月日・登録失効年月日が公表されます。個人事業者も任意で主たる屋号や主たる事務所の所在地等の公表が可能です。

なお、免税事業者が登録を受けるためには、原則として、「消費税課税事業者選択届出書」を提出し、課税事業者となる必要があります。ただし、登録日が令和５年10月１日から令和11年９月30日までの日の属する課税期間中である場合は、課税選択届出書を提出しなくても登録申請書のみを提出することで登録を受けることができます。

消費税負担・事務負担の軽減に関する経過措置

令和５年度税制改正により、インボイス制度導入後、一定の事業者に対して次のような消費税負担・事務負担の軽減措置が追加されています。

・小規模事業者に対する税額控除の経過措置（２割特例）

免税事業者が適格請求書等の発行業者になった場合には、消費税の納税額について、一定期間、売上に対して預かった消費税額の２割にすることができます。

具体的には、免税事業者である個人事業者が令和５年10月１日からインボイスの登録を受ける場合は、令和５年分（令和５年10月から12月分のみ）、令和６年分、令和７年分及び令和８年分の消費税申告までは、売上に対する消費税の２割のみを納税額とすることができます。その他、３月決算会社の法人が令和５年10月１日からインボイスの登録を受ける場合は、令和６年３月期分（令和５年10月から令和６年３月分のみ）、令和７年３月期分、令和８年３月期分及び令和９年３月期分の消費税申告までは、売上に対する消費税の２割のみを納税額とすることができます。

・一定規模以下の事業者に対する事務負担の軽減措置（少額特例）

基準期間（前々年度）の課税売上高が１億円以下、または特定期間（前年度開始の日以後６か月間）の課税売上高が５千万円以下の事業者が、令和５年10月１日から令和11年９月30日までに行われる税込１万円未満の課税仕入については、適格請求書等の入手・保存がなくとも帳簿記帳のみで仕入税額控除を行うことができます。

第3章

会社で使う印鑑と印鑑証明書の知識

1 ハンコ（印鑑）とはどんなものなのか

ハンコ（印鑑）には証拠の価値を高める効力がある

日本はハンコ（印鑑）社会である

日本では、ハンコ（印鑑）を使う機会が数多くあります。個人が使用する場合だけでなく、会社などの組織においてもさまざまな場面で日常的に使用されています。

個人としてハンコを使う場面として特に多いのは、たとえば、宅配便を受け取る際に受け取った証として使用する場合や、銀行で預貯金を引き出すときに支払請求書などに使用する場合などが挙げられます。宅配便が届いて押印する場合には、受け取ったという証拠としての押印です。銀行の預金を引き出すときに支払請求書に押印する場合には、届け出ている印鑑と同じ印鑑を押印します。

会社において個人として使用するケースは、入社する際の雇用契約書への押印や休暇届、始末書など各種届出の書類への押印があります。

また、会社において会社の一員としての立場で使用するケースは、会社宛の荷物が届いたときなどの受領書への押印から、他の会社と契約を結ぶときに担当者として押印するケースまで実にさまざまです。

ハンコ・印鑑は正式には「印章」という

印鑑・ハンコは正式には「印章」といいますが、印鑑やハンコという呼び方は日常的に使われているため、「ハンコ」「印鑑」という呼び方でも特に問題はありません。

また、印鑑・ハンコに関するものとして、「印影」という言葉も使われることがあります。印影とは、ハンコに朱肉などを付けて紙上などに押した跡のことです。

外国では印鑑ではなくサインが用いられている

日本がハンコ社会と呼べるほど社会生活を送る上でハンコの必要性が高いのに対し、欧米諸国を中心とした外国では、ハンコを使用する習慣はあまり見られません。現在では、ほぼ日本人特有の社会習慣になっているといってもよいでしょう。そのため、日本人が国際社会に出て行ったとき、ハンコの使用で、日本人と外国人の間にトラブルが起きることが少なくありません。たとえば、日本に住んでいる外国人が、ハンコを持っていないために、部屋を借りるときに結ぶ賃貸借契約でトラブルが起きたり、外国に住んでいる日本人が、日本に戻って国内で相続を行うときに、印鑑をもってきていないためにトラブルに発展するような問題も起きます。

国際化が進む中、海外勤務の日本人や日本国内に住む外国人が増えてきて、印鑑証明よりもサイン証明の利用が増加しています。そこで、「外国人の署名押印及び無資力証明に関する法律」を根拠として、法令の規定により署名または押印する場合、外国人であればハンコは不要で、署名のみでよいことになっています。つまり、外国と同じようにサインで通用するようにしているのです。

しかし、サインについては、それが本人のものであるかどうかは判断がつきにくいため、登記の添付書類のように書類に実印を押して印鑑証明を添付しなければならないような場合には不都合が生じます。その場合、そのサインが本人のものであるということを証明する「サイン証明」を添付する必要があります。

■ 印章・印影とは

印章	ハンコのこと。一般には印鑑と言われているが、厳密には印章という
印影	ハンコを押した跡のこと

サイン証明書は、在日公館などで発行してもらえます。

ハンコ（印鑑）を使う法的な意味

ハンコを押す場面は、大きく分けて2つあります。1つは、本人がそのハンコを押した書類に書かれている内容どおりの意思を外部に表示するために押すという場面です。もう1つは、法令上または手続上、ハンコを押すことが必要とされているためにハンコを押すという場面です。

民事訴訟法は、「私文書は、本人又はその代理人の署名又は押印のあるときは、真正に成立したものと推定する」と規定しています。契約書に押印したり、借用書や領収書、委任状に押印することで、その文書は本人（または代理人）の意思に基づいて成立したものと推定され、その文書全体が本人（または代理人）によって作成されたものと推定されるのです。

従来、法令上または手続き上、ハンコが必要とされるケースが数多く存在しましたが、政府が推進する行政手続きのデジタル化に伴い、現在までに9割以上の行政手続きにおいて原則押印廃止が決定しています。とはいえ、商業・法人登記や不動産登記の申請など、依然ハンコが必要とされる手続もあります。また、内容証明郵便を出す際にも必要になります。さらに、預貯金の払戻しの際にも届出印による押印が必要になります。

ハンコの使用の方法は、法律上の意味合いの強さでも分類できます。宅配便を受け取る際の押印は荷物を受け取ったことの証拠となる程度であり、意味合いは弱いといえますが、契約書などでは押印をしたかどうかで法的拘束力に違いがでてきます。

2 署名捺印と記名押印について知っておこう

署名捺印も記名押印も効力は同じ

署名と記名押印の違い

署名と記名、捺印と押印の違い印鑑を押す以外の本人の意思表示の方法として、「署名」や「記名」があります。

署名とは、名義人自身が自署すること（自分の氏名を手書きによって書くこと）です。いわゆる「サイン」になります。これに対し、記名とは、自署以外の方法で氏名を記載することです。たとえば、パソコンの文字入力ソフトによって氏名を印字したり、氏名のゴム印を押したり、他人による代筆などによって行われます。

署名の場合は、自署によって行われるため、筆跡によって本人が書いたものであるかどうかがわかります。これに対し、記名の場合は、自署によるものではないため第三者が行うことができるものですから、本人の意思が反映されているかどうかは記名だけではわかりません。そのため、記名による場合には、記名された氏名の後に本人の印鑑を押印することによって、本人がその内容をきちんと確認して本人の意思で押印していると扱い、署名と同じように本人の意思によるものであることを示すようにするという、「記名押印」という方法によるのが一般的です。

また、署名の場合でも、本人が手書きで書いた氏名の後に、本人が印鑑を押すという「署名捺印」の方法がとられることが多いです。本人による自署と本人の印鑑の捺印とがあいまって、より確実に本人の意思を反映しているということが示されるのです。

なお、「捺印」も「押印」も、印鑑を押すことを意味しますが、「捺印」はもともと「署名押印」が省略された言葉であるのに対し、「押印」は「記名押印」が省略された言葉です。つまり、厳密には、「捺印」は、自分で手書きで書いた氏名と一緒に印鑑を押す場合に使用する言葉であり、「押印」は、記名されている箇所（または署名も記名もない箇所）に印鑑を押す場合に使用する言葉です。ただし、日常では両者を厳密に区別することなく同じ意味を示す言葉として使用されていますので、本書でも、印鑑を押すことを「押印」という言葉で説明します。

押印するときの注意点

押印するときの注意点としては、まず文書の内容をよく理解してから押す、理解していないうちは簡単に押さないということです。

次に、ハンコを押す場所です。文書に押印するときは、氏名のすぐ後に押さなければなりません。氏名から離れた場所に押してしまうと、本人の意思が確認されているのかが不正確になってしまい、押し直さなければならないこともあります。

また、押印は、その印影に意味があることから、文字や他の印影と重ならないようにすることも大切です。

■ 署名捺印と記名押印

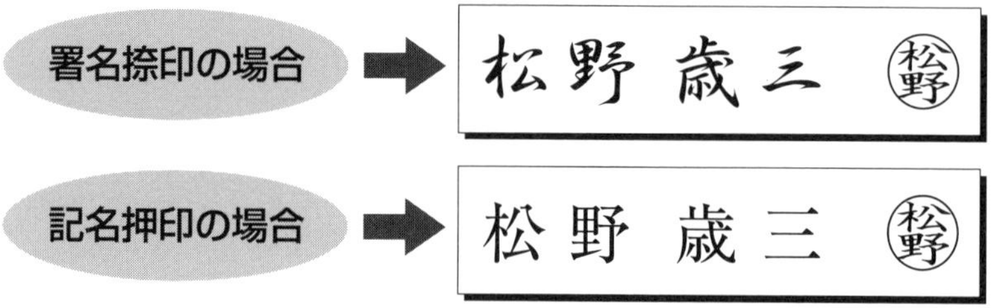

3 実印について知っておこう

会社の実印を代表者印と呼ぶ

実印とは何か

印鑑を利用することの一番大きな意味は、それによって押印された書類などが本人の意思表示の証拠となりうることです。そのためには、書類にある印影が本人により押印されたものと認められる必要があり、その印鑑が唯一本人の持つ正式なものとして公的に認められたものである必要が出てくるのです。

その印鑑が本人の持つ正式なものであると公的に証明されたものを実印と呼んでいます。そして、実印以外のものを認印と呼んで区別しています。認印は、「三文判」とも呼ばれ、数種類を所有して、ケースに応じた使い分けがなされています。

しかし、実印は唯一のものでなければなりません。実印と認印は、公的に登録してあるかどうかによって決まります。高価であるか安価であるかなどは関係ありません。

印鑑を実印とするためには、個人的に使用する場合は市区町村に届け出ます。また、法人として使用する場合は、法務局（登記所）に届け出ます。

実印と印鑑登録制度

印鑑を実印として使用するためには、個人の印鑑の場合は市区町村に届け出ることが必要です。法人として使用する場合には、法務局（登記所）に届け出ます。

書類に実印を押印すれば、本人がその書類に記載されている内容どおりの意思表示をしたということが推定されます。この推定の前提として、書面に押印されたその印影から、それを本人が押したものであるということが推測される必要があります。そして、その印影が三文判のように文房具店などで誰もが手に入れられるようなハンコで押されたものではなく、特定の人だけが持っているもので、他の人が利用できないものであれば、その印鑑によって押された印影のある書面は、本人の意思によって押されたものであるということが推定されるのです。そこで、自分の持つ印鑑が、このように自分の意思を外部に表示するものとするために、印影を公的な機関に登録しておく、印鑑登録が必要となります。

個人の場合、印影を市町村役場や区役所に登録した後、申請することで、その押印された印影をもって印鑑とし、登録されたハンコに間違いないという証明書が発行されます。これが「印鑑登録証明書」です。印鑑登録証明書は、日常的には、会社などの法人の場合と同様に「印鑑証明書」と呼ぶことが多いです。印鑑登録証明書には、登録した実印の印影や氏名、住所が記入されています。

また、会社などの法人にも実印が存在し、会社の実印であることを証明するものとして、「印鑑証明書」があります。

会社の場合、実印は「代表者印」と呼ばれ、会社の設立時に本店所在地の法務局（登記所）に届け出る必要があります（印鑑届書、次ページ）。丸印と呼ばれることもあります。

代表者印は、対外的に会社の意思を表示するために使用され、銀行取引の際などには、代表者印の押印と共に印鑑証明書を添付しなければならないこともあります。

実印を変えたいときには

印鑑は何度も使っているうちに磨耗するものなので、しだいに印影がはっきりしなくなってきます。また、使っているうちに一部が欠損することもあります。特に、実印は、印鑑登録証明書との照合によって同一のものであることが確認されるため、磨耗したり欠損している印鑑では、印影が一致しなくなります。つまり、印鑑の磨耗などで、契約が成立しないということも考えられるわけです。そのようなときは、実印自体を変更します。

個人の実印を変更したいときは、現在使用している実印と新しく作った印鑑及び本人確認書類（運転免許証など）を持参して、実印を登録している市町村役場や区役所に行き、改印の手続きをします。改印後は、新たに作った印鑑が実印となるわけです。

書式　法人の実印を登録する際の印鑑届出書サンプル

印鑑（改印）届書

※ 太枠の中に書いてください。

（注1）（届出印は鮮明に押印してください）

代表取締役印

商号・名称		株式会社　松山商事
本店・主たる事務所		東京都新宿区荒木町○丁目○番○号
印鑑提出者	資　格	代表取締役・取締役・代表理事 理事・（　　　　　）
	氏　名	松山　一郎
	生年月日	明・大・昭・平・西暦 32年4月8日生
会社法人等番号		

（注2）
☑印鑑カードは引き継がない。
□ 印鑑カードを引き継ぐ。

印鑑カード番号

前　任　者

届出人（注3）　☑印鑑提出者本人　□ 代理人

（注3）の印

印

住　所	東京都中野区江古田○丁目○番○号
フリガナ 氏　名	松山《マツヤマ》　一郎《イチロウ》

4 会社で使う印鑑について知っておこう

場面によってさまざまな印鑑を使い分ける

会社の印鑑では代表社印が最も大切

会社で使用するハンコは種類も多く、部署によって、また役職によって、あるいは仕事内容によって違います。その中で、最も重要となるハンコは、社長である代表取締役のハンコです。重要事項の決裁には社長のハンコが押されるため、ときにはこのハンコが会社や社員の命運を握ることにもなります。社長のハンコは、その地位の象徴そのものともいえるのです。

社長の持つハンコにはいくつかの種類がありますが、その中でも最も重要なのは、会社の実印である「代表者印」（代表取締役印ともいいます）です。代表者印は、会社の設立時に作成し、本店所在地の法務局（登記所）に登録のための届出をする必要があります。会社の設立後、法務局に申請すれば、会社の代表者印の印影を証明する「印鑑証明書」の交付を受けることができます。

代表者印は、その会社の代表者が会社の意思決定を外部に表示するために使われる印鑑です。そのため、取引先と重要な契約を締結する際には、契約書類に代表者印を押すのが一般的です。また、金融機関から融資を受けるときなどには、代表者印の押印と印鑑証明書の添付が必要となります。

個人としての実印は１人１個しか認められていませんが、会社の代表者印は、代表取締役が２人以上いるケースであれば、各人が別々の代表者印を持つことができます。また、会社の代表者本人が窓口に行かなくても、代理人によって印鑑証明書を取得することができます。

会社で使う印鑑の種類

会社で使用する実印は、印影の大きさが３センチの正方形に収まり、かつ１センチの正方形より大きいもの（直径1.5センチ～ 1.8センチが標準）という基準が設けられています。二重丸の形になっていて、その多くは外側に会社名が彫られ、内側に「代表取締役之印」という文字が彫られています。なお、実印と区別する必要があるものとして、社印と呼ばれる会社名のみが記載された印鑑も存在します。実印の印影が丸いのに対して、社印は正方形の四角い印影をしていることから、角印と呼ばれることもあります。

また、銀行を決めて取引をはじめるときは銀行印を届け出なければなりません。銀行印は、手形や小切手の振出しや預金の引出しの際に使います。

銀行印の場合も、実印と同じように社名と「代表取締役之印」という文字が二重丸の中に彫られたものが多く、実印よりも小さめに作ることで、実印と容易に区別できるようにしています。

会社全体のことを示すためには、前述した社印（会社印）を使いま

■ 代表者印の規格と一般例

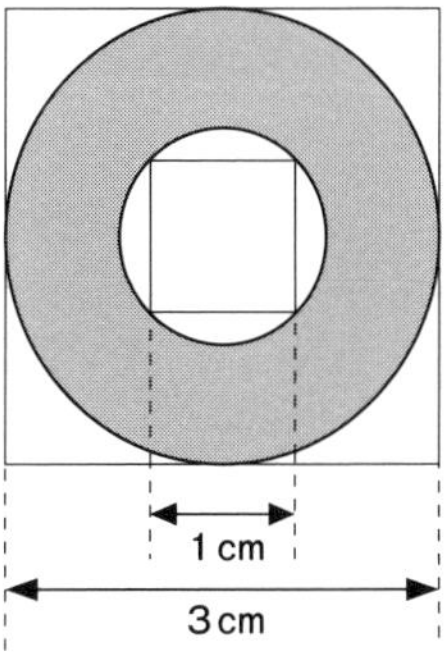

印鑑の大きさは１辺の長さが１㎝を超え、３㎝以内の正方形に収まるものでなければならない

一般例

外丸、中丸の二重になった巻印が、代表者印では一般的。中丸に「代表取締役之印」と刻み、外丸には会社名を入れる。

す。「株式会社○○之印」などという文字を正方形に彫ったものが多いため、前述のとおり、角印とも呼ばれることもあります。社印には会社名のみが記載され、契約等以外の社外文章（請求書、請求書、領収書など）の他、社内文書にも広く活用されており、書類に記名された社名の上に重ねて押印されることが多いようです。

役職にある社員が職務上の権限として使う役職印というものもあります。「××支店長之印」「△△部長之印」などと彫られています。役職印は、社内の職務に関する文書を掲示するときや、対外的な取引に使用する文書などに押印されます。

さらに、社会保険の各種手続きの際に必要な社会保険印というものもあります。社会保険印は、健康保険や厚生年金保険、雇用保険、労災保険などの手続きをする際に必要になります。

会社の中で一番使用頻度の高いものはゴム印かもしれません。「請求書在中」「見本誌」などと彫られたもの、社名と住所、電話番号を記しただけのものなどがあります。

なお、近時ではテレワークの普及及び脱ハンコ化が進む中で、押印の必要のない電子契約も増加し、ハンコに代わり電子署名のニーズも高まっています。電子署名とはその名の通り、電子的に作成された署名で、契約者本人が署名していること、文書が正当で改ざんされていないことを証明する機能を持っています。

代表者印を登録するには

会社の代表者印は、会社を設立する際に必要となります。会社を設立するときには、本店（本社）所在地の法務局（登記所）に、代表者印を会社の実印として登録しなければなりません。こうして実印の印影を法務局に登録しておくと、後から必要になった際に印鑑証明書を発行してもらうことができます。

印鑑証明書の取得方法

印鑑証明書は、「商業・法人登記情報交換システム」の導入によって、全国どこの法務局でも発行してもらうことができるようになっています。また、「登記・供託オンライン申請システム」（利用者登録が必要です）を利用し、インターネットで請求すると、郵送または窓口で印鑑証明書の交付が受けられます。

印鑑証明書を発行してもらうには、印鑑証明書交付申請書に必要事項を記入して、あらかじめ法務局から交付されている「印鑑カード」と一緒に法務局に提出します。印鑑証明書交付申請書には、①登記簿と同じ商号・名称（会社等の名前）、②本店（本社）・主たる事務所（会社等の住所）、③印鑑提出者の資格・氏名・生年月日、④印鑑カードの番号、⑤請求通数、⑥申請人が印鑑提出者本人であるか代理人であるかを記入します。

印鑑証明書の発行の申請は、会社の代表者以外に、その会社の社員など、代理人でも行うことができます。この場合、委任状は特に必要

■ 会社における主な印鑑の種類と用途 ……………………………

代表者印（実印）	会社名と「代表取締役印」などの役職名が入った印鑑。重要な契約書や官公庁・地方自治体への届出などの際に押印する。管理には細心の注意が必要
銀行印	取引口座を開設するために銀行に届け出る印鑑。預金の払い出しや小切手・手形の発行の際に必要となる
社　印（会社角印）	社判、角印、会社印などと呼ばれ、社名だけが入った四角い印鑑。認印としての役割を果たし、重要度の高い書類では一般的に使用しない
代表者の常用印	会社の体表者が、重要度がそれほど高くない日常の取引（契約）文書や事務文書に使う認印。
役職者の印鑑	○○担当取締役、××部長、△△課長などの役職名入りの印鑑で、主に注文書や社内の決裁などの押印に使用される

ありません。また、印鑑証明書は郵送でも請求することができますが、この場合も印鑑カードの提出が必要です。

印鑑証明書の交付手数料は、窓口や郵送で請求する場合は450円ですが、前述したインターネットで請求する場合は、郵送で受け取るときは410円、窓口で受け取るときは390円です。

代表者印の盗難・紛失時は

代表者印が盗難にあったり紛失したりした場合は、ただちに法務局に「廃止届」を提出する必要があります。廃止届をすることによって、印鑑証明書の交付を停止することができます。そして、最寄りの警察署に盗難や紛失の旨を届け出て、届出証明書などをもらっておきます。

■ 代表者印の登録と印鑑証明書取得の流れ

法務局へ代表者印を届け出る（印鑑登録）

↓

印鑑カード交付申請書を提出

↓

印鑑カードが交付される

↓

印鑑証明書交付申請書に必要事項を記入し印鑑カードを添えて提出

↓

印鑑証明書が交付される

5 訂正印・契印・割印・捨印・消印の違いと使い方

それぞれに特有の押印の仕方がある

訂正印

会社では、さまざまなハンコが使用されていますが、特殊な使い方をするハンコもあります。「訂正印」「契印」「捨印」「消印」「割印」などです。

訂正印とは、契約書などの文書に記載された文字を訂正するときに印鑑を押すものです。文書の当事者が合意によって訂正をしたということを示すために用いられます。

訂正印を使用するときは、まず訂正する文字に二本線を引きます。そして、一般的に、縦書きの場合はその右に、横書きの場合はその上に正しい文字を書き加えます。その他の訂正方法として、たとえば、文章中の２文字を消して１文字を書き入れる場合には、欄外に「削除２字、加入１字」（または「削除２文字、加入１文字」「抹消２字、挿入１字」など）と記入した上で、訂正部分に当事者全員の訂正印を押す方法などがあります（139ページ図）。

契印

契印とは、契約書が複数のページからできているような場合は、すべてが一体の契約書であることを示すために、とじ目をまたいで当事者双方が押印をするものです。契印は以下のような方法で押します。

① 各葉のつなぎ目に契印を施す方法

複数枚をホッチキスで止め、各葉のつなぎ目にまたがるように、契約当事者全員の印で押印します。契印は各ページをつなぐ役目をし、各ページが一体であることを示します。

② 契約書の一か所だけに契印を施すだけで足りる方法

複数枚をホッチキスで止めた後、背を別紙で包んでのりづけします。そして、のりづけの境目に契印を施します。これで、のりづけされた全体について契印を施したことになります。特にページ数が多い場合には、①の方法よりもこちらの方法が簡単です。

捨印

捨印は、後で文書の中の文字を訂正する必要が出てきたときや、文字を訂正してもよいという許可を前もって出しておく場合に使用されます。あらかじめ押しておく訂正印ということです。

捨印は、相手に、文書を自由に訂正してかまわないと約束するものなので、よほど信頼関係のある人との間でしか使わないようにしないといけません。

捨印をするときは、文書の欄外に当事者全員で押印します。押印する場所は、一般には、文書が縦書きであれば上の部分、横書きであれば左の部分です。文書が複数ページある場合は、ページごとに押印します。

捨印は、文書の内容を自由に変更できることから悪用される可能性もあるため、なるべく使用しない方がよいでしょう。

割印

契約書の正本と副本を作るようなとき、または同じ契約書を２通以上作成して、複数人数でそれぞれ１通ずつ保管しておくような場合は、割印を用います。

割印は、２通の契約書の両方にまたがるようにハンコを押します。これで、契約書が同一のものであるか、何らかの関連性があることが明らかになります。

また、２通以上の契約書に割印が押されていると、それらが同時に作成されていることも証明されます。文書の偽造・変造を防ぐという意味で、割印は効果的な方法です。

割印では、契約書を下図のように重ねて全当事者の印で押印をします。なお、割印は、必ずしも署名者の署名押印に使った印でなくてもよいとされています。

消印

消印とは、契約書に貼付された印紙と契約書面とにまたがってなされる押印のことです。契約書が印紙税法上の課税文書である場合、当事者はその契約書に所定額の収入印紙を貼付しなければなりませんが、その際、収入印紙の再利用を防止するために、貼付した収入印紙について、会社の印鑑によって消印をする必要があります。

■ 契印・割印・訂正印の押し方

①契印と割印

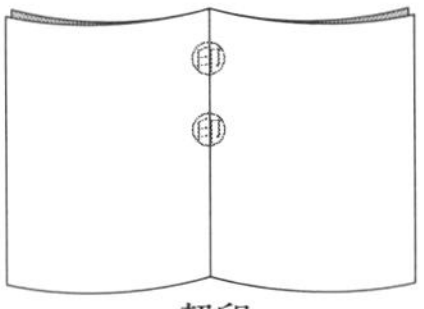

契印

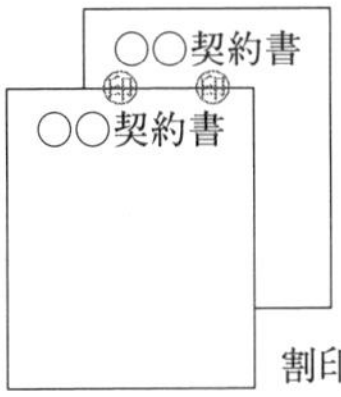

割印

②捨印

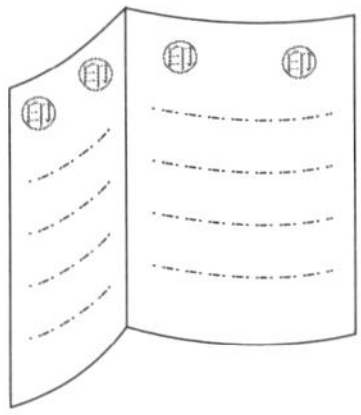

③訂正印

訂正する文字の上に二本線を引き、上部に正しい文字を記載する場合

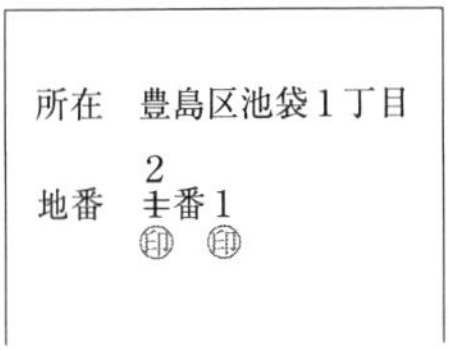

訂正する文字について、欄外に削除する字数と加入する字数を記載する場合

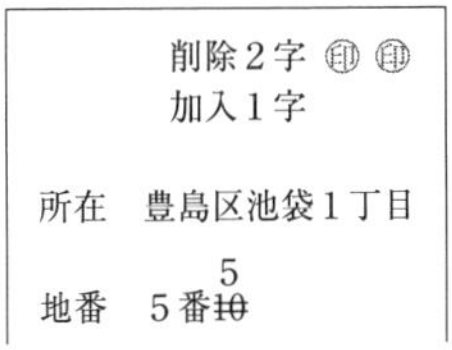

訂正する文字をカッコでくくり、これに押印する場合

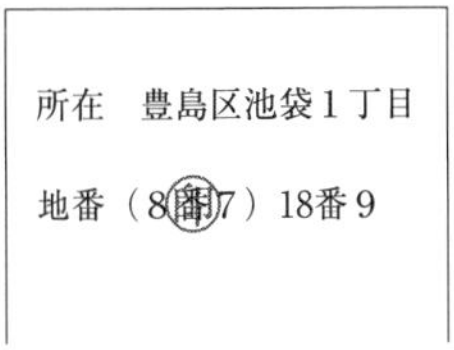

6 印章管理規程を作成しよう

会社の印鑑について管理方法などを明文化しておく

印鑑の管理方法

会社で使用するハンコの管理は、盗難や無断使用などを防止するため、厳重にしておかなければなりません。総務関係者は、印章管理規程を作り、それに沿って会社で使うハンコの種類を把握し、社員に対してルールに沿った使用をさせなければなりません。

前述のように、印章管理規程においては、各種ハンコについての保管場所や保管責任者、押印責任者を決めておくのが重要です。

実印である代表者印は、重要な権利義務を行使するときの証拠となるため、印鑑カードと代表者印は別々に保管します。押印責任者は原則として社長（代表者）ですが、不在の場合などは社長室長が代理で押印できるようにするとよいでしょう。銀行印は、使用する頻度の高さから、経理部（門）で保管するのが合理的です。ただし、安全のためにも預金通帳とは別に保管します。会社印は、使用頻度からすれば総務部（門）で保管するのがよいでしょう。

各部署で使用するハンコは「印章届出票」を総務部（門）に提出してもらい、台帳に記入しておくようにすべきです。これに加えて、押印の記録を残すことも大事です。ハンコを押印する場合は、「印章使用簿」に必要事項を記入しておくようにしなければなりません。

こうして、会社で使用するハンコを総務部（門）で一元管理しておけば、ハンコの盗難や紛失を防ぎ、ハンコが今どの部署でどのような使い方がなされているのかを把握することができます。

印鑑に関するトラブルを防止するには

会社の印鑑の不正使用を防ぐためには、まず、印鑑がどのような形で不正に使用されるのかを知ることが必要です。

印鑑が不正に使用されるケースのひとつとして、偽造して使用されることが考えられます。偽造を防ぐには、作製するときに偽造しにくい形状にする方法などがありますが、不正持ち出しができないように厳重に保管しておくことが一番大事です。

また、会社においては、社内の関係者が自分の権限を超えて使用することも考えられます。たとえば、代表者印があれば契約がとりやすいというような場合、代表者印が適切かつ厳重に管理されていないと権限のない者が契約をとるために代表社員を持ち出してしまう可能性があります。

こうした印鑑の不正使用の対策として、たとえば、押印記録簿（下図）を作成し、押印の記録を付けることによって厳重な管理をすることが考えられます。押印記録簿には、押印する書類のタイトル、通数、提出先、押印の日時、押印者、管理責任者によるハンコの使用と返還の確認などを記録しておくべきでしょう。

■ 押印記録簿の例

No	書類名	通数	提出先	日時	押印者	管理責任者印

印鑑の管理についてのルールを決めて、こうした危険性にブレーキをかけることは、企業危機を防ぐことにも通じます。

押印権限を明確にする

会社の印鑑は、社員であれば誰でも簡単に使えるというような状態であってはいけません。会社の印鑑の乱用を防ぐためには、押印についての権限をきちんと社内で明確にし、権限のない社員は押印することができないような体制を確保することが重要です。

代表者印の場合には、たとえば、総務部長などが保管責任者となり、他の社員から代表者印を使いたいとの申し出があれば、どのような用途で代表者印が必要なのかなどを確かめた上で、保管責任者が使用・持ち出しの許可を出し、使用後には確実に代表者印が返還されたことを記録する、という方法が考えられます。また、押印責任者は最終的には社長（代理として社長室長）とするなどによって、会社の印鑑の乱用を防止する必要があります。

また、印章管理規程は会社を危機から守るものでなければなりません。そのため、社長の独断専行や一部署の暴走などを防げるものであるべきです。危機管理の点からも、重要な取引での契約書について代表者印の交付を求められた場合には、取締役会の承認を要することなども明確にしておく必要があるでしょう。

印章管理規程のその他の作成上の注意点

会社で使用する印鑑についての「印章管理規程」といっても、日付や「請求書在中」「見本誌」などとだけ記されているゴム印は、この規程で定める印鑑からは外しておくべきでしょう。印章管理規程の対象とする印鑑は、代表者印や銀行印のように、押印によって会社に権利や義務を発生させるものに限定するなどして、会社の日常業務をムダに硬直化させないようにする必要があります。

書式　印章管理規程サンプル

印章管理規程

第１条（目的）　この規程は、会社の印章の作製、交付、使用、返還及び保管等に関する事項について定めたものである。

第２条（印章の定義）　印章とは、会社が発行又は受理する文書、証拠等に押印して、会社に対して直接又は間接に権利義務を発生させるものをいう。

第３条（印章の種類）　印章の種類は次の通りとする。

①　代表者印（丸印）
②　会社印（角印）
③　銀行印（丸印）
④　部門長印（丸印）

第４条（印章の交付等）　印章の作製、改廃はすべて本社総務部が行い、印章保管責任者に交付する。

２　印章を作製及び改印するときは、「印章交付（改印）申請書」を総務部長に提出しなければならない。総務部長は申請内容を確認の上、社長の決裁を受けた上で印章の作製及び改印を行う。

第５条（印章の規格）　印章を作製する場合の形状、寸法、材質等の規格は、印章別に別途定めるものとする。

第６条（印章の保管及び押印責任者等）　印章の保管及び押印を担当する印章保管責任者及び押印責任者と、印章の保管場所は、次の通りとする。

⑴　印章保管責任者

　①　代表者印　……総務部長
　②　会社印　………総務部長
　③　銀行印　………経理部長
　④　部門長印　……各部門長

⑵　押印責任者

①　代表者印　……原則として社長とするが、社長の指示があれば社長室長が行うことができる。

②　会社印　………総務部長

③　銀行印　………経理部長

④　部門長印　……各部門長

⑶　保管場所

①　代表者印　……社長室の鍵のかかるキャビネットに保管し、鍵の管理は社長室長とする。

②　会社印　………総務部の鍵のかかるキャビネットに保管し、鍵の管理は総務部長とする。

③　銀行印　………経理部の鍵のかかる金庫に保管し、鍵の管理は経理部長とする。また、預金通帳等は鍵のかかる別のキャビネットに保管する。

④　部門長印　……各部署の鍵のかかるキャビネットに保管し、鍵の保管は各部門長とする。

第７条（印章の記録）　印章を押印する場合、「印章使用簿」に必要事項を記入しておく。総務部長が提示を求めた場合には、速やかに応じる。

第８条（印章の返還等）　不要になった印章は、総務部長に返還すること。総務部長は、これを３年間保管して、社長の承認を得てから廃棄する。

２　印章が紛失や盗難にあった場合は、すぐ総務部長に連絡し、指示に従う。

（以下省略）

7 企業における「脱ハンコ」について知っておこう

脱ハンコ化が進むことには直接・間接的にいろいろなメリットがある

行政や企業の内部では「脱ハンコ」化が急速に進んでいる

「脱ハンコ」とは、行政機関や企業などにおける各種手続きにおいて求められる、あらゆる書類への押印廃止に向けた取り組みのことを指します。令和３年（2021年）９月にデジタル庁が発足したことに伴い、企業においても、DX（デジタルトランスフォーメーション、Digital Transformation）の推進が求められるようになりました。

DXを推進するための要素として不可欠なのが、「脱ハンコ化」です。

ハンコ（印鑑）は、さまざまなビジネスシーンで必要となります。企業内においては、「稟議書」「決裁書類」などの文書で押印が必要とされますし、社外の取引先との関係では、一般的に「契約書」「見積書」「請求書」「納品書」などの文書に押印が必要となります。契約書などの社外文書で押印が必要となるのは、取引について契約当事者間で合意をしたという事実を記録に残すという証拠としての意味合いを持っています。また、請求書などについては、適正な経理処理を行うという観点で文書の押印が求められています。ただし、印鑑は、多くの場合、契約当事者間での合意や事実確認の手段として用いられているのであって、法律上、印鑑の押印が常に必須とされているわけではありません。こうしたことから、近年では、文書についての押印を廃止したり、契約における署名や押印を電子署名に切り替えるなど、「脱ハンコ化」が徐々に浸透しています。

脱ハンコ化にはいろいろなメリットがあります。たとえば、押印作業のために出社しなければならないことはなくなり、テレワークによる業務遂行なども積極的に行うことができ、その結果として多様な働き方を実現することができます。また、単純な押印作業を減らすことによって社内業務の生産性も向上します。さらに、ハンコを作るコストやハンコの保管・管理の手間もなくすことができます。

脱ハンコ化するか迷っている場合は

「脱ハンコ化」には前述したようなメリットがありますが、脱ハンコ化を進めるかどうか迷っている企業もあるようです。脱ハンコの導入時期について迷っている場合には、ハンコを何の目的で使うのかを考えてみましょう。たとえば、法務局に提出する登記申請書類や銀行に届け出る書類については、会社の印鑑の押印が必要になりますので、ハンコは不可欠です。これに対し、取引先などと契約書を締結する場合においては、会社の実印や契約用の印鑑を使用するのが一般的ですが、契約当事者間で電子化についての合意があれば、ハンコの押印に代えて、電子印鑑や電子署名に切り替えることができます。

このように考えてみると、すべての文書において押印を廃止することは現実的には難しいといえますが、押印が必須である書類というのはさほど多くはないということがわかります。

しかし、脱ハンコ化を実現するには電子契約システムを導入する必要があり、電子契約システムの導入には、それなりの費用がかかります。また、脱ハンコ化によって、作業を単純化・効率化できるというメリットはあるものの、導入までの業務フローの見直し作業に人員を割きすぎてしまうと、他の業務が滞ってしまい、導入によるコスト削減があまり期待できない場合もあります。さらに、脱ハンコ化には、取引先との合意も必要です。普段から取引先と紙媒体の書面で取引をしている場合には、いきなり脱ハンコ化を進めるわけにはいかず、取引先への十分な説明や調整、配慮も必要になってきます。

導入にあたっては、脱ハンコ化のメリットとデメリットを把握して、自社にとって一番よいタイミングで導入するようにしましょう。

第 4 章

印紙税の知識

1 印紙税とはどんな税金なのか

契約書や領収書などの文書にかかる税金である

印紙税とは

印紙税という税金は、消費税などと違って、あまりなじみのない税金かもしれません。印紙税というのは文書にかかる税金で、収入印紙を貼付することが印紙税を納めていることになるのです。

個人に限っていえば、収入印紙が関係するのは、マイホームを購入したときの契約書や５万円以上の買い物をしたとき領収書に貼られる場合などです。収入印紙を購入して契約書や領収書に貼り、消印することで、印紙税という税金を納めているという証になるわけです。

どのような文書が課税の対象になるかは、「印紙税法別表第一」（課税物件表）に示されています。課税物件（課税の対象となる物や行為、その他の事実等）によって分けられ、１号から20号まで全部で20種類あります。

たとえば、以下のような文書が印紙税の課税の対象になります。

①　１万円以上の不動産の売買契約書など
②　10万円以上の約束手形または為替手形
③　５万円以上の売上代金の領収書や有価証券の受取書

それぞれ契約書などの記載金額や領収金額によって印紙税額が決まっています。

１号～20号のどの課税文書に該当するかについては、単に契約書のタイトルで形式的に判断するのではなく、契約書の内容から判断します。ただし、課税物件表に記載されているすべての文書に印紙税がかかるわけではありません。たとえば領収書の場合、課税物件表の17号文書に該当するものですが、通常、買い物をして領収書をもらっても収入印紙が貼ってあることはあまりないはずです。これは一定金額まで印紙税を免除する非課税限度額があるからです。非課税限度額については、「印紙税法別表第一」（課税物件表）の非課税物件の欄に記載されています。たとえば、不動産の譲渡に関する契約書の場合は、契約金額が１万円未満のものについては非課税文書に該当します。この他、国や地方公共団体等が作成した文書も非課税文書として扱われます。このように、印紙税法の課税物件表に該当するものの、印紙税を課税しないとされている文書のことを非課税文書といいます。

なお、収入印紙を貼ることが義務付けられている文書に収入印紙を貼っていない場合、印紙税法上は脱税として過怠税（152ページ）が課されますが、その文書や契約書自体が無効になるわけではありません。

印紙税を節約するには

印紙税は、一つひとつを見るとそれほど大きな金額ではないように感じます。しかし、現代社会ではさまざまな取引を証明するために膨大な量の文書を作成しますから、積み重なれば印紙税の額も大きな負担となります。課せられた税金を支払うのは当然の義務ですが、法律を知らないばかりに必要以上の税金を賦課されるのは避けたいところ

■ 課税文書と非課税文書

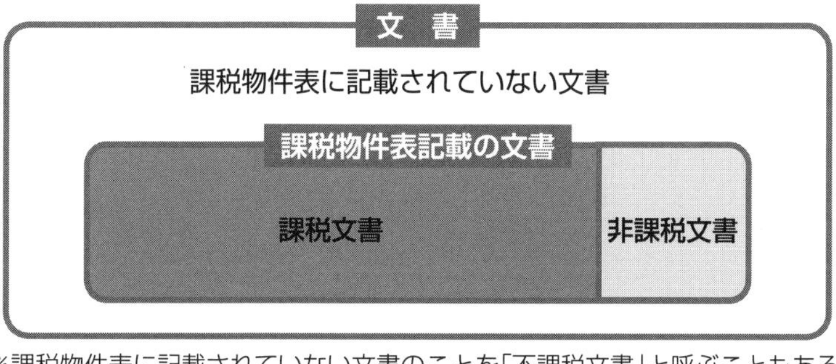

※課税物件表に記載されていない文書のことを「不課税文書」と呼ぶこともある

です。印紙税は表記の仕方や発行の方法によって金額が変わってくるということを知っておくとよいでしょう。

契約書や領収書には当然金額を記載しますが、その際に消費税や地方消費税は区分して記載するようにします。というのは、消費税を記載金額に含めてしまうと、消費税込みの総額で印紙税の金額が判断されてしまうからです。たとえば、税込み52,800円という売上代金の領収書の場合には、200円の印紙税がかかります。しかし、消費税が区分記載されていれば、印紙税法上の記載金額には含めないことになっていますので、消費税分については印紙税がかかりません。前述の例の場合、本体48,000円、消費税及び地方消費税4,800円と記載すれば印紙税は非課税となります。なお、「消費税及び地方消費税10%を含む」という書き方は区分表示とはみなされませんので、具体的な消費税額の金額を記載することが必要です。

また、不動産売買契約書などの契約書は、同じものを２通以上作成して当事者が保管することになっていますが、２通作成すれば、それぞれの契約書に印紙税がかかります。

このような場合、契約書を１通だけ作成し、必要な分だけコピーをとります。コピーは契約書ではないので、印紙税はかかりません。実質１通でよい場合や、控え用に必要なだけの場合はコピーで十分でしょう。

ただし、このコピーに署名や押印をすると、コピーではなく契約書になりますから、印紙税がかかってしまいます。

現在では、FAXやメールをビジネスに利用する機会が主流です。印紙税は課税文書である「紙」に対して課税されますので、FAXやメールそれだけでは課税されないことになります（署名や押印を加えれば課税文書となります）。うまく利用すれば、印紙税の節約になります。

2 印紙税と税務調査について知っておこう

軽視されがちだが思わぬ負担となることもある

なぜ印紙税について税務調査が行われるのか

国税庁や税務署が行う税務調査の対象としては、所得税や法人税、消費税といった税がすぐ思い浮かびますが、印紙税もその中に含まれています。国の歳入の中で印紙税が占める割合は、所得税や法人税に比べれば大きなものではありませんし、一つひとつの金額は少額ですから、それほど重要視されていないように思うかもしれません。調査を担当する税務当局も、以前は金額の大きい所得税や法人税の調査を優先し、印紙税の税務調査にはそれほど力を入れていなかったようです。

しかし、税務調査では、「印紙税の存在自体を知らない」「知っていても納付の金額や方法が間違っている」といったことが多々生じているのが現状のようです。国の印紙収入は令和４年度には年間１兆円にも上っています。収入の多くを公債費収入に頼る我が国にとって、印紙税を正しく納めてもらうよう調査・指導することは重要なことだと言えるでしょう。

どのような機関がどんな調査を行うのか

印紙税に関する調査についての権限を認められているのは、国税庁等の職員です（国税通則法74条の５第１項第６号）。会社の規模等によって担当する省庁が決まっており、資本金１億円以上の企業や外国企業などは国税局の調査査察部調査課、国税局担当以外の会社や一般納税者は税務署が税務調査を行います。

印紙税の税務調査は、所得税や法人税等の調査と同時に行われる場合と、印紙税単独で行われる場合があります。

税務調査が実施される際には、原則として電話により事前に調査の日時や場所、調査対象の税目、調査期間などが調査対象者に通知されます。過去の調査結果や申告内容などを踏まえて、事前通知をすることによって、適正な税務調査の遂行が妨げられたり、税額や課税標準を正しく把握することが困難になるような行為に結び付くと判断した場合は、事前通知を行わない場合もあります。

印紙税の調査において対象となるのは、請求書や領収書をはじめ、契約書、約束手形、株券、定款などの課税文書（巻末資料249～251ページ表参照、印紙税法３条１項）と呼ばれる文書です。

国税局や税務署の職員には、これらの文書について納税義務がある者や交付を受けた者に対し質問したり、関連する帳簿書類の提示を求め、法に沿って印紙が貼られているか検査を行います。質問への回答を拒否したり、正当な理由なく書類等の提出に応じない、虚偽の内容を記載した書類を提出するなどの行為をした場合、１年以下の懲役または50万円以下の罰金が科せられる可能性があります。

検査の結果、必要な印紙が貼られていない文書が見つかれば、その内容が指摘され、修正申告や期限後申告をするよう求められます。税務調査の結果、修正申告を行うかどうかの判断は納税者に委ねられますが、修正申告を行わなかった場合は調査結果に基づいて更正等の処分が行われることになります。ただし、印紙を貼っていない文書を発行したのが取引先である場合には、納税義務者は取引先になります。この場合には取引先の所轄税務署長にその旨が通知され、取引先が過怠税を徴収されます。

過怠税の額は、納付しなかった印紙税の額に加え、その２倍に相当する金額、つまり当初に納付すべき印紙税の額の３倍です。なお、調査を受ける前に、自主的に不納付を申し出たときは、過怠税は1.1倍に軽減されます（188ページ）。

3 税率はどのように決まっているのか

記載内容によって印紙税は変わる

どんな文書に適用されるのか

印紙税には、一律に同じ金額が賦課される「定額税率」と、記載された金額によって税額が変わる「階級定額税率」という２つの税率が採用されています。印紙税法に規定された課税文書のうち、定額税率が適用されるのは次のような文書です。

■ 定額税率が適用される文書と印紙税額

①	合併契約書または吸収分割契約書若しくは新設分割計画書	１通につき４万円
②	定款	１通につき４万円
③	継続的取引の基本となる契約書	１通につき4,000円
④	預貯金証書	１通につき200円
⑤	貨物引換証、倉庫証券または船荷証券	１通につき200円
⑥	保険証券	１通につき200円
⑦	信用状	１通につき200円
⑧	信託行為に関する契約書	１通につき200円
⑨	債務の保証に関する契約書	１通につき200円
⑩	金銭または有価証券の寄託に関する契約書	１通につき200円
⑪	債権譲渡または債務引受けに関する契約書	１通につき200円
⑫	配当金領収証または配当金振込通知書	１通につき200円
⑬	預貯金通帳、信託行為に関する通帳、銀行若しくは無尽会社の作成する掛金通帳、生命保険会社の作成する保険料通帳または生命共済の掛金通帳	１年につき200円

記載金額について

階級定額税率が適用される文書の場合、課税される印紙税の額は文書に記載されている金額（記載金額）によって決まります。ただ、記載金額が明確に１つだけ記載されているのであればすぐに判断できるのですが、文書の形式によってはどの金額を適用するのかわからないことがあります。

記載金額の算定方法については、印紙税法別表第一第４項に規定されています。その一部を見てみましょう。

①　１つの文書に同じ課税事項の金額が２つ以上ある場合

１通の不動産売買契約書に、住宅500万円と土地1,000万円の２つの売買金額が記載されているなどの場合、記載金額はその合計金額（500万円+1,000万円＝1,500万円）となります。

②　１つの文書に別の課税事項の金額が２つ以上ある場合

１通の契約書に不動産売買の金額1,000万円と売掛債権250万円の金額の２つが記載されているなどの場合、その所属する課税事項の金額、上記の事例の場合であれば不動産売買の金額1,000万円が記載金額となります（文書の所属の決定については巻末資料252～254ページを参照）。ただし、不動産売買の金額と売掛債権の金額を合算して1,250万円と記載している場合は、その額が記載金額として扱われます。

③　契約金額の一部が記載されている場合

契約金額のうち、「代金100万円 ただし設置工事費は実費とする」のように一部だけが記載されている場合、その一部の金額（上記の事例の場合100万円）が記載金額となります。

④　月単位で契約金額が定められている場合

「月５万円、契約期間３年」などと月単位で契約金額が定められている契約書で、契約期間の規定がある場合、月額に契約月数を乗じた額（５万円×12か月×３年＝180万円）が記載金額となります。また、「月５万円、契約期間１年間、解約の申し出がなければ１年ごとに自動更新」など、更新の規定がある場合、更新期間は算入しません。更新前の契約月数を乗じた額（５万円×12か月＝60万円）が記載金額となります。

なお、契約書等に「無償」「０円」などと記載されている場合は、記載金額がないものとして取り扱われます。

記載金額が明示されていない場合はどうなる

契約書等の文書の中には、記載金額が明確に示されていないものもあります。印紙税法別表第一では、不動産、鉱業権等の契約書や請負に関する契約書について、「契約金額の記載のない契約書１通につき200円」と規定しています。

では、契約金額さえ書かなければどんなに大きな契約でも印紙税は200円で済むのかというと、そうではありません。たとえ具体的な契約金額が記載されていなくても、その他の情報から契約金額が算出できる場合には、算出された金額を記載金額とみなして印紙税が課せられます。たとえば請負契約書に「請負金額は別紙注文書の通り」などと記載されている場合、請負契約書自体には金額が書かれていないわけですが、別紙注文書に記載された金額が記載金額になるということです。

契約金額が変更された場合はどうなる

たとえば原価の急な高騰や事故による工期の変更などの事情によって、一度契約した金額を後になって変更することもあります。このとき、最初の契約書の記載金額によって決められた印紙税はどのように扱われるのでしょうか。

このような場合、最初の契約金額を記載した契約書の有無と変更契約書の記載内容によって印紙税の額が変わってきます。

まず、最初の契約金額を記載した契約書が存在する場合です。

①　変更契約書に最初の契約金額との差額が記載されている場合

最初の契約金額より増額されている場合は、その増額分が記載金額となります。一方、最初の契約金額より減額されている場合は、記載金額のない契約書として扱われます。

②　変更契約書に変更後の契約金額（全額）のみが記載され、変更金額が不明の場合

変更契約書に記載された変更後の契約金額（全額）が記載金額となります。

たとえば最初に1,000万円の不動産売買契約書を作成した取引について、変更契約書を作成するにあたって「令和○年○月○日付の不動産売買契約書の売買金額1,000万円を1,500万円に変更する」と記載した場合は①に該当しますので、増額分の500万円が記載金額となります。この場合の印紙税は2,000円です。また、「1,000万円を800万円に変更する」と記載した場合、200万円の減額になりますので、記載金額のない契約書として扱われます。この場合の印紙税は200円です。

一方、「令和○年○月○日付の不動産売買契約書の売買金額を1,500万円に変更する」と記載した場合は②に該当しますので、変更後の1,500万円が記載金額となります。この場合の印紙税は２万円です。

次に、最初の契約金額を記載した契約書が存在するかどうか不明の場合です。

③　変更契約書に最初の契約金額との差額のみが記載されている場合

変更契約書に記載された差額が記載金額となります。この場合、その差額が増額分であるか減額分であるかを問いません。

④　変更契約書に変更後の契約金額（全額）が記載されている場合

変更契約書に記載された契約金額（全額）が記載金額となります。たとえば最初の契約金額が1,000万円であることはわかっているものの、契約書が作成されているかどうかが不明である取引について変更契約書を作成するにあたって「当初の売買金額を1,000万円から1,500

万円に変更する」と増額を記載した場合は④に該当しますので、変更後の1,500万円が記載金額となります。この場合の印紙税は２万円です。また、「1,000万円から900万円に変更する」と減額の記載になっていた場合でも、同じく変更後の900万円が記載金額となります。この場合の印紙税は１万円です。

一方、「当初の売買金額を500万円増額する」もしくは「100万円減額する」と記載した場合、③に該当しますので500万円もしくは100万円が記載金額となります。記載金額が500万円であれば印紙税は2,000円、100万円であれば1,000円です。

継続取引契約書についての取扱い

特定の取引先と継続的に行う取引について交わした契約のうち、契約期間が３か月超であるか、更新の定めがある場合の契約について記載したものを「継続的取引の基本となる契約書」（第７号文書）といいます。

ただ、第７号文書は、内容によって請負契約書や運送に関する契約書などに該当することがあります。たとえばビルの管理業務を管理会社に委託するような場合が考えられます。特定の管理会社と継続的に取引を行うわけですから、第７号文書を交わすことになりますが、その契約書に「月100万円を支払う」「契約期間は１年とし、期間満了前に契約終了の意思表示がない場合は自動更新とする」のように契約金額や契約期間の記載がある場合は請負契約書として扱われます。前述の事例の場合、100万円×12か月＝1,200万円が記載金額になりますので、印紙税は２万円となります。

一方、契約金額や契約期間の記載がない場合は、第７号文書として扱われます。第７号文書の印紙税は、１通につき4,000円です。

いずれの文書として扱われるかによって、印紙税の額が違ってきますので、記載内容を十分に精査した上で契約書を作成しましょう。

4 その他こんな場合はどうなるのか

名称ではなく内容によって判断される

見積書や注文書について

印紙税の課税対象となる文書には、名称として「契約書」と記載されているものが多いのですが、名称は「注文請書」「覚書」「念書」などと記載されていても、契約内容を示しているものもあります。そのような場合、印紙税の取扱いはどのようになるのでしょうか。

印紙税法において「契約書」とは、契約証書、協定書、約定書その他名称のいかんを問わず、契約（その予約を含む）の成立等を証すべき文書をいうと規定されています（別表第一課税物件表の通則５）。つまり、名目が何であれ、その文書が契約の成立や内容を示すものであれば、印紙税法にいう「課税文書」に該当し、印紙税を課せられるということです。

たとえば、コンピュータシステムの「開発請負書」に、「開発期間は○年○月○日から○年○月○日、開発請負金額は○年○月○日付見積書の通り」と記載していたとします。名目は「開発請負書」であり、具体的な金額も明示されていませんから、一見すると非課税文書に該当するようですが、開発期間が記載され、開発請負金額も見積書を見れば確認できますから、契約の内容が記載されているのと同じです。したがってこの「開発請負書」は、印紙税法上の請負契約書に該当するということになります。この場合、見積書に記載された金額が、契約書の記載金額として扱われます。

手形や小切手の受取書について

手形や小切手の受領事実を証明するために作成された「受取書」も、

印紙税の課税対象文書に該当する可能性があります（印紙税法別表第17号）。また、このような文書は、「領収書」「預り書（預り証）」「レシート」などの名目で発行されることがありますが、これらも「受取書」の一種として扱われます。

税額は、売上代金の受取書であるか、売上代金以外の受取書であるかによって異なりますが、５万円未満のものについては非課税となっています。詳しい税額については、249～251ページの表を参照してください。なお、受取書に記載された金額が営業を目的とするものではない場合は、印紙税は非課税となります。

消費税が区分記載されている場合の取扱い

消費税の記載方法によっても、印紙税の額が異なりますので注意しましょう。

消費税や地方消費税（消費税額等）の金額を契約書や受取書に記載する際に、本体金額と区分して記載するなどして消費税額等が明確に示されている場合、消費税額等を記載金額から除外することになっています。つまり、消費税額等には、印紙税がかからないということです。ただし本体金額と消費税額等を合算して記載し、消費税額が明確になっていない場合は、合算された金額が記載金額となります。

たとえば、「建物代金1,100万円 税抜代金1,000万円 消費税額等100万円」「建物代金1,100万円 うち消費税額等100万円」などと記載されている場合、記載金額は1,000万円、印紙税額は5,000円となります。これが「建物代金1,100万円（消費税額等を含む）」などと記載されている場合、記載金額は1,100万円、印紙税額は１万円ということになるわけです。

なお、小切手等の受取書で、消費税額等のみを記載したものについては、消費税額等が記載金額となります。

5 課税文書かどうかの判断基準について知っておこう

名称ではなく実質的な内容が重視される

どのような基準で判断するのか

作成された文書が印紙税の課税文書かどうかを判断するにあたって、まず確認しなければならないのは次の3つの要件です。

① 「印紙税法別表第一」（課税物件表）に掲げられている20種類の文書に該当する内容の文書であること

② 当事者間において課税事項を証明する目的で作成された文書であること

③ 印紙税法5条（非課税文書）の規定により印紙税を課税しないとされている非課税文書でないこと

この3つをすべて満たした文書が、課税文書として扱われます。

ところで158ページでも少し触れましたが、「印紙税法別表第一」に記載されている「不動産譲渡契約書」「受取書」といった名称が使用されていない文書はすべて課税文書に該当しないのかというと、そうではありません。形式的な名称よりも、実質的な内容が何を示しているかによって、課税文書かどうかが判断されることになっているのです。たとえば名称が「注文書」とされている文書でも、契約期間や契約金額が記載されていれば契約内容が確認できますから、契約書と判断されます。また、売掛金の領収書に「済」などと記載されており、当事者双方が売掛金の領収を了解しているのであれば、その領収書は売掛金の受取書として扱われます。

何をもって「1つの文書」とするのか

印紙税は、作成された課税文書一つひとつに対して課税されます。

ここで問題になるのが、「1つの文書」とはどういうものを指すのかということです。たとえば契約書などの場合、契約内容が1枚の用紙に記載されていることもあれば、複数枚の用紙にわたって記載されていることもあります。また、預貯金証書などの場合、証書と通帳が一冊の冊子の形式で作成されているものもあります。さまざまな形式の文書を、何をもって「1つ」と判断するかは、主に物理的な形状によって決めるものとされています。

つまり、本契約の前に仮契約書を交わしていた、当事者が複数名おり、同一の内容の契約書を当事者の人数分作成したなど、内容的には同じ文書を複数作成した場合でも、物理的に別の文書と判断されるのであれば、それぞれに印紙を貼る必要があるということです。

謄本、副本、コピーの取扱い

文書には、作成した原本の他に、原本の内容と全く同じ内容を複製したものがあります。これらの文書は謄本や副本、コピー、写しなどと呼ばれ、契約者双方が各々で保管するなどの目的で作成されます。

同一の内容であっても、別々の文書であればそれぞれに印紙を貼らなければならないことは前述したとおりですが、課税文書の要件の1つに、「当事者間において課税事項を証明する目的で作成された文書であること」というものがあります。つまり、課税事項を証明する目的で作成されたものでなければ、課税文書にはならないということです。たとえば、複製を作成したのが当事者間で契約内容を確認するためなどの目的ではなく、業者などが覚書として保管するためだったような場合には、印紙を貼る必要はありません。

併記や混合記載についての取扱い

形式的には1つの文書と判断されるものの中に、別の課税事項が記載されていることがあります。たとえば同じ契約書の中に、コンピュータの売買契約の内容と共に、ソフトウエアの開発請負契約の内容が記載されているような場合です。このような契約書は、「併記」「混合記載」などと呼ばれ、どの課税事項に所属するかによって印紙税の額が決まります（巻末資料252 ～ 254ページ参照）。

ただ、一度作成した文書に新たに課税事項を追加した場合は少し扱いが違ってきます。たとえば、土地代金や引渡日などの契約内容が記載されている土地の売買契約書について、後日土地代金を受け取った証明として「上記代金を受領しました」などと記載し、当事者双方が受取書として了承したような場合が考えられます。このような行為は追記と呼ばれ、新たに課税文書を作成したものとして印紙を貼らなければなりません。

なお、約束手形や為替手形、有価証券など、一部の文書については、後で受け取りの事実を記載しても追記の扱いとはならず、印紙税はかからないとされています。

共同作成の文書はどうなる

１つの文書を、２人以上の人が共同で作成する場合もあります。たとえば、土地の所有者が複数人おり、その売買契約書を共同で作成したような場合が考えられます。

この場合、複数人いる売主の名前を１つの文書に列記するなどして契約書を作成するわけですが、正本と副本を１通ずつ作成して印紙を貼り、後はコピーを作成して印紙を貼らないということは認められません。これは売主それぞれが当事者であり、契約内容を確認するために作成した文書はすべて課税文書と判断されるからです。したがって、当事者の人数分の副本すべてに同額の印紙を貼る必要があります。課税対象者は共同作成者全員です。これを怠ると、共同作成者全員に過怠税が課せられることになります。

6 どんな契約書に課税されるのか

契約内容を把握できる文書であれば契約書とみなされる

名称は関係ない

契約にはさまざまな内容があり、作成される契約書の種類も多数ありますが、印紙税法では、そのうち不動産譲渡や消費貸借、請負など、いくつかの種類の契約書が印紙税の課税対象になると規定しています（同法別表第一）。

一般に、契約内容を記載した文書には、「不動産売買契約書」「消費貸借契約書」「請負契約書」など、「契約書」という表題が付けられていますが、印紙税法上でいう「契約書」は、必ずしも「契約書」という名称を使わなければならないわけではありません。「約定書」「念書」「覚書」といった表題であったり、表題が付けられていなくても、契約の成立、更改契約または契約内容の変更、補充の事実が記載されているものであれば、「契約書」とみなされることになっています（印紙税法別表第一 課税物件表の適用に関する通則５）。

記載内容次第で契約書とされる場合もある

また、「契約書」は、「第１条 甲は乙に対し、金100万円を貸与する」などのように、契約内容を箇条書きにしたり、契約の当事者の名前を記載するといった様式で作成されますが、印紙税法でいう契約書は、さらに広い範囲のものを指しています。たとえば、注文書や申込書など、本来は契約の申込を表す目的で作成された文書であっても、そこに契約の成立や更改契約または契約の内容の変更、補充の事実が記載されていると認められるのであれば、印紙税の課税文書として扱われることになります。

7 請負契約と売買契約の印紙の取扱いについて知っておこう

印紙税法に基づく第２号文書の判断基準をおさえる

請負契約と売買契約の違い

「請負契約」「売買契約（譲渡契約）」は、共に民法上では、典型的な契約として類型されています。

売買契約の特徴として、契約当事者の一方（売主）に「目的物を引き渡す義務」が発生する反面、「対価を受け取る権利」が発生します。これに対して契約当事者のもう一方（買主）に「目的物を受け取る権利」が発生する反面、「対価を支払う義務」が発生します。

請負契約では、契約当事者の一方（注文者）が、契約当事者のもう一方（請負者）に対して仕事の注文を出し、請負者が完成品を引き渡すことを目的とする契約です。当然、注文者には「完成品を受け取る権利」と「対価を支払う義務」が発生し、請負者には「完成品を引き渡す義務」と「対価を受け取る権利」が生じます。

このように、売買契約では一方が有している、あるいは、調達することが可能な目的物を対象としているのに対して、請負契約では一方が物品等の完成品を目的物としているという違いがあります。特に請負契約では、目的物が完成しないと、対価に関する権利や義務が発生しないことに注意が必要です。

それでは、具体的に印紙税法に基づいて考えた場合の、請負契約と判別される契約形態を挙げていきます。

まずは、「①注文者の要求に基づいて請負者が物品等を製作することを目的とした契約」があります。たとえば、建物の建築工事やソフトウエア開発、洋服の仕立てなどです。これは、注文者が材料の全部や一部を提供する場合、逆に請負者の材料を使って一定の物品等を製作する場合なども含まれます。

続いて、「②一定の物品を一定の場所に取り付け、所有権が移転されることを目的とした契約」があります。たとえば、大型機械の取り付けなどです。また、建物や機械の修理、洋服のリフォームを行うような「③修理や加工を目的とした契約」があります。

これらに該当する契約を書面にする場合、第２号文書の請負に関する契約書として扱います。また、プロ野球選手をはじめ、アーティスト、俳優などの専属契約書も請負に関する契約書として扱われます。

なお、上記のような例を踏まえても、まだ請負契約か売買契約なのか判別が難しいものがあります。たとえば、請負者自身が有している材料の全部や一部を使って一定の物品等を製作することを目的とする契約（製作物供給契約）は、請負契約と売買契約両方の要素を有しています。この場合、契約当事者の意思が仕事の完成に重きを置いているか、物品等の譲渡に重きを置くかによって、判別するものとされています。

また、②の取り付け物品については、特別の技術を要さず簡単に取り付け可能な場合、売買契約として判別するとされています。

売買契約にはどんなものがあるのか

請負契約の要素を有しているものの、印紙税法上、請負契約とは判別されず、売買契約とされるものとしては、「製作者があらかじめ、

■ 請負契約・物品の売買契約と印紙税の取扱い

請負契約 ➡ 課税文書（第２号文書）
記載された請負金額、取り付け料、
修理金額・加工金額などを基に税額を算定

物品の売買契約 ➡ 原則として不課税文書
ただし継続的取引の基本となる文書の場合
第７号文書として課税

一定に統一した規格・価格を設定し、注文を受けて製作する契約」があります。この場合、建売住宅供給のような注文を受けた後に規格どおりの工作物を製作する場合と、カタログや見本による家具販売のような、注文に応じて製作者の材料を用いて製作する場合などが考えられます。なお、洋服のイージーオーダーなどについては、印紙税法上、請負契約として判断されます。

契約内容によって印紙税額が異なる

物品の売買契約に該当する場合、継続する売買契約を除いて、原則的には不課税文書として扱われるので、印紙の貼付は不要です。

これに対して、請負契約に該当する場合は、貼付する印紙は契約書に記載された契約金額によって異なります。

前述した①の契約の場合には、記載された請負金額、②の契約の場合には、取付料、③の契約の場合は修理金額や加工金額によって判断するといった具合です。ただし、保守契約などのように月単位で請負契約が記載されている場合は、月額に契約月数を乗じるなどして、総額を求める必要があります。

②の契約の場合、取付料と物品そのものの価額が区分されていなければ、必要以上の印紙税額となるので、取付料と物品の価額を区分し、明瞭に記載する方が適切です。

請負契約に関する記載金額ごとの税額は249 ～ 251ページ掲載の印紙税額一覧表（請負に関する契約書については、表中番号２参照）のとおりです。建設工事の請負に関する契約書に該当する場合は、平成26年４月１日から令和６年３月31日までに作成される文書に関して、軽減された印紙税の税率が適用されます。

なお、請負契約の文書であっても、契約当事者の間で継続する複数の取引の基本的な条件を定めている場合は、第７号文書として課税されることがあります。

8 継続的取引契約の印紙の取扱いについて知っておこう

継続的取引契約書は1通につき4,000円の印紙を貼付する

第7号文書「継続的取引の基本となる契約書」とは

一般的に継続的取引の基本となる契約書とは、契約者間で継続して行われる取引について、共通して適用される基本的項目をあらかじめ定めた契約書のことです。簡単に言うと、複数行われる取引の基盤となる約束事を定めた契約書です。

これに加えて印紙税法では、契約期間が３か月以内であって更新に関する定めのないものを除いた継続的取引の基本となる契約書で、印紙税法施行令第26条に定められたものを「継続的取引の基本となる契約書」として扱います。これによれば「継続的取引の基本となる契約書」は「営業者間契約書」「代理店契約書」「銀行取引約定書」「信用取引口座設定約諾書」「保険特約書」の５種類に分けられます。

営業者間契約書（印紙税法施行令第26条第１号）

営業者間契約書には、営業上の継続的取引基本契約書の多くが該当すると考えられます。対象としては、特約店契約書をはじめ、売買取引基本契約書、貨物運送基本契約書、請負契約書など、継続的取引の基本となるような契約書が該当します。ただし、これらの判断は契約書の名称では行わず、あくまで文書の形式や記載内容から実質的に導きます。具体的には以下の４つの要件に該当する場合、この文書に該当します。

①　営業者間の契約であること

ここでいう営業者とは、株式会社、合同会社などの法人、個人事業者などの自営業者のことです。ただし、農業組合など営利法人以外の

法人についても、出資者以外の者に対して事業を行う場合は営業者となります。営業者間の契約か否かで判断するため、株式会社と一般消費者間で交わす継続的取引の契約書はこの要件を満たしません。

② **売買、売買の委託、運送、運送取扱いまたは請負のいずれかの取引に関する２以上の取引を継続して行うための契約であること**

２以上の取引とされているので、個別契約は当てはまりません。対価の支払いを６回に分割して支払うとされている取引の場合、取引自体は一度であるため、２以上の取引とはなりません。

③ **目的物の種類、取扱数量、単価、対価の支払方法、債務不履行の場合の損害賠償の方法または再販売価格のうちの１以上の事項を定める契約であること**

これらを定めれば、継続的取引の基本契約書と考えられます。逆に「協議の上、決定する」という風に抽象的な記載であれば、継続的取引の基本契約書ではないということになります。

④ **電気またはガスの供給に関する契約でないこと**

電気やガスの供給などは公共性があるため、第７号文書による課税はされないとされています。

代理店契約書、業務委託契約書（印紙税法施行令第26条第2号）

代理店契約書や業務委託契約書は、業務や事務の代理、委任等を継続的に委託する契約書が該当すると考えられます。この類型も契約書の名称にかかわらず、以下の要件に該当するか否かで判断されます。

① **売買に関する業務、金融機関の業務、保険募集の業務または株式の発行、名義書換えの事務を継続して委託するため作成されるものであること**

売買に関する業務の全部や一部を他者に委託する契約は、販売業務の委託だけでなく、販売店の経営自体を委託するものも含まれます。

また、集金業務や、仕入業務、在庫管理業務などの業務の一部である場合も含まれます。これら以外にも金融機関による預金業務や貸出・出納業務などの委託、保険会社による保険外交員契約などが該当します。

② 委託される業務、事務の範囲または対価の支払方法のいずれか１以上の内容を定めるものであること

委託される業務や事務の範囲が明瞭に定められている場合が該当します。なお、営業者間契約書と違い、代理店契約書や業務委託契約書では、当事者が営業者だけではなく一個人も対象となることに注意が必要です。

銀行取引約定書（印紙税法施行令第26条第３号）

銀行取引約定書には、銀行取引約定書、信用金庫取引約定書、金融取引約定書などが該当すると考えられます。もちろん、この類型も契約書の名称に関わりません。内容としては、金融機関と信用の供与を受ける者との間で、「債務の履行について包括的に定めたもの」がこれにあたります。つまり、貸付や支払、外国為替といった個々の取引によって生ずる債務の履行方法などを定めたものは該当しません。

信用取引口座設定約諾書（印紙税法施行令第26条第４号）

信用取引口座設定約諾書とは、信用取引の利用に関する規則や、処理方法等について記載された約諾書のことです。「証券会社や商品取引員と顧客」との間で、「２以上の取引に共通して」「受渡しや、その他の決済方法、対価の支払方法又は債務不履行時の損害賠償の方法」を定めた契約書がこれに該当します。なお、取引が有価証券の売買である場合は、信用取引または発行日取引に限られます。

保険特約書（印紙税法施行令第26条第５号）

保険特約書とは、「損害保険会社と保険契約者」との間で、「２以上の保険契約を継続して」行う場合に作成する契約書です。ここでいう「２以上の保険契約」とは、特約期間内に締結される保険契約に共通して適用される「保険の目的の種類」「保険金額又は保険料率の設定」を行い、後ほど、保険契約者からの申込に応じて個別の保険契約を締結するものをいいます。そして、個別の保険契約ごとに保険証券や保険引受証が作成されるものが考えられます。

第７号文書とその他の文書の関係

第７号文書「継続的取引の基本となる契約書」に該当する場合、印紙税額は１通につき4,000円となっています。ただ、第７号文書に該当する契約書のうち、請負の取引に関する契約書については、継続的取引の基本となる契約書（第７号文書）とするべきか、請負契約書（第２号文書、190ページ）とするべきか、判断に迷うことがあります。また、不動産譲渡に関する契約書や、運送に関する契約書（第１号文書）の要素を有するものも含まれます。このように他の文書と第７号文書の両方に該当する場合、印紙税額の有利不利が発生します。

この場合、不動産譲渡に関するものや、運送に関する契約書で契約金額の記載のあるものは、第１号文書となります。これらに関する契約書でも継続取引であり、契約金額の記載がないものは、第７号文書と判断されます。その他、継続する請負で契約金額の記載のある場合は、第２号文書になり、継続する請負で契約金額の記載のないものは、第７号文書と判断されます。

なお、保守契約書などは第２号文書にも、第７号文書にも該当するような場合がありますが、単に質問の回答や問い合わせ対応などを目的とする場合は、委任契約と考えられるため、課税対象にならない場合もあります。交わそうとする契約内容とそれぞれの文書の要件をきちんと照らし合わせる必要があるでしょう。

9 受取書などが契約書とされる場合もある

受取書や預り書が課税文書となるかの判断基準をつかむ

文書の名称は関係ない

よく誤解されることですが、文書の名称が「契約書」ではなく、「覚書」や「申込書」「注文書」「受取書」などであっても、内容が契約の基本的な事項について記載されているときは、すべて契約書として扱われます。印紙税法上、契約書は文書の名称にかかわらず、文書の形式や記載内容から実質的に判断されるからです。つまり、契約書は、文章の形式や記載内容から見て当事者の合意内容が読み取れるかが重要であり、文書の名称には捉われません。これは、文書の作成者の思惑にかかわらず、記載内容が重要であることも意味します。

金銭の受取書の取扱い

一般的に、金銭の貸し借りをする場合に「金銭消費貸借契約書」を作成します。これは金銭の貸主、借主双方が署名することを前提に、「金額」「貸し借りが行われた日付」「返済方法」「返済期日」「利息」などを記載します。

しかし、稀に金銭を借り入れる際に借主のみが署名押印をする「受取書」を作成するに留める場合があります。

この受取書の記載内容が「金1,000,000円也、上記金額確かに受取致しました。○○年○○月○○日」とされ、借主の住所、署名押印のみをした場合は、金銭の受取を示す文書となりますが、金銭の貸し借りを行ったという合意内容を示す文書としては扱われません。

金銭消費貸借契約書の場合、金額100万円であれば、印紙税額は1,000円（第１号文書に該当）となりますが、金銭の受取のみを示す文書であれば非課税（第17号文書に該当）となります（ただし、営業に関するもので金額５万円以上であれば一律200円の課税）。

しかし、同じ受取書であっても、「金1,000,000円也、上記金額確かに受領致しました。返済期日は○○年○○月○○日とします。○○年○○月○○日」と記載した場合、署名が借主だけのものであっても、返済期日が明記されているため、金銭の貸し借りに関する合意があったと読み取れるため、第１号文書の契約書として扱われ、印紙税額は1,000円となります。なお、返済期日が記載されていない場合でも「金1,000,000円也、上記金額を確かに借用致しました」と記載した場合は、同様に第１号文書と考えられます。

物の受け取りを証明する場合の受取書

金銭以外の受渡しについても受取書が作成される場合があります。たとえば、運送会社が貨物を受け取った際に「貨物受取書」や「運送状」「送り状」といった文書が作成されます。

これらの文書についても、名称にかかわらず記載内容に、物品の種類、数量、運賃、発地、着地など、運送契約の成立を証する事実が具体的に記載されていれば、運送に関する契約書（第１号文書に該当）として課税文書となります。これに対して、荷送人の控えとして単に荷物の受取事実を証する事項のみを記載されている文書は、課税文書には該当しません。判断基準としては、物品内容、数量、荷姿程度が記載されているのみで、文書の全体から考えて運送品の受領事実を証することを目的としていれば、課税文書にあたらないといえます。

ただし、運送人が運送引受の証として署名押印等を行えば、運送に関する契約書に該当し、課税文書となりますので注意が必要です。

預り書（第14号文書）と、受取書（第17号文書）の区別

受取書ではなく、預り書（預り証）の場合には、印紙税法上、どの

ように扱われるかという問題もあります。預り書（預り証）を作成するのは、金銭や物品を保管するような場合で、寄託ともいいます。

原則として、金銭や有価証券の寄託を目的とした文書については、第14号文書として扱われ、課税対象となりますが、物品の寄託については課税されません。銀行預金など預貯金証書については、第８号文書として扱われますので、注意が必要です。

さらに、金銭や有価証券の場合、前述した受取書（第17号文書）か、預り書（第14号文書）か判断が難しい場合もありますが、この場合は金銭を受領した事実のみの記載で、預金として金銭を預かった事実が読み取れるような場合に、預り書として判断されます。

なお、仮の領収書（仮領収書）を受け取る場合にも、223ページで後述するように、記載された金額に応じて収入印紙を貼付する必要があります。

物品の預り書も課税文書にあたる場合がある

物品の預り書に関しては原則、課税文書となりませんが、物品を預かる目的が、請負契約を前提にしている場合は、注意が必要です。

たとえば、時計など故障品の修理を受託するために、時計を預かる際に作成する預り書や、背広の仕立てを受託するために、生地を預かる際に作成する預り書などは、目的物を預かったという事実を証明する以外に請負契約の成立を証明する文書にあたる可能性が生じます。

この際の判断基準ですが、作成する預り書が単に整理券として作成される場合や、保証期間中などで無償修理を行う場合は課税文書とはなりません。具体的には、受託する内容（修理、加工箇所、方法など）や対価、期日などが記載されていなければ課税文書とはならず、これらのうち１以上の事項の記載がある場合は、請負契約の成立を証明する文書（第２号文書）として、課税対象となります。ただし、記載金額が１万円未満のものであれば、非課税文書として扱われます。

Q 会社員が発行する受取書は課税対象なのでしょうか。事業者の場合はどうでしょうか。

A 受取書にもいろいろな種類がありますが、印紙税が必要になる可能性があるのは「金銭又は有価証券の受取書」です。受取書を発行するのが会社員であるか、事業者であるかは問われません。

ただ、受取書のうち、記載された受取金額が５万円未満のものや、営業に関しない受取書については非課税とされています。ここで問題になるのは、営業とはどのようなことを指すのかということです。

たとえば、会社員が一時的に古美術（中古品）などの個人財産を売却し、受取書を発行した場合、営業に関するものとは扱われず、金額が５万円以上であっても印紙税はかかりません。一方、会社員という身分であっても、副業としてインターネットなどを使って古美術売買をしていたというような場合、営業に関するものとして印紙税を払わなければなりません。つまり、同じ売買の行為によって利益を得た場合でも、一時的な行為によるものか、継続的に同様の行為を行っているかによって印紙税が課せられるか否かが変わってくるということです。

事業者の場合は、その事業者の組織や種類によって事情が変わってきます。事業者には、個人と法人があります。個人事業者の場合、同じ物の売買に関する金銭の受取書でも、商品として物を仕入れ、継続して売買し利益を得ている場合は印紙税がかかりますし、個人的に自分の持っている物を友人に売却したような場合には印紙税は非課税となります。法人事業者の場合、株式会社や合資会社といった営利を目的とする法人が発行する受取書はすべて課税対象となります。

一方、公益社団法人や公益財団法人、NPO法人など、営利を目的としない法人の場合は、営業活動に関係しない文書について、印紙税はかかりません。

Q 「金銭又は有価証券の受取書」は課税対象なのでしょうか。

A 印紙税の課税対象となる文書の種類については、印紙税法別表第一に記載されています。それによると、第17号に①売上代金に係る金銭又は有価証券の受取書、②金銭又は有価証券の受取書で①に掲げる受取書以外のものと規定されています。

受取書と呼ばれるものの中には、物品に対するものや書類に対するものなどの種類がありますが、そのうち課税対象になるのは金銭又は有価証券の受取書だけです。金銭や有価証券を受け取った証明書には、「領収書」「受領書」といった名称を使用することも多いと思われますが、名称が違っていても内容が受取書に該当するのであれば印紙税の課税対象となります。たとえば、百貨店やスーパーといった場所で商品を購入した際に発行されるレシートなども、現金の受け渡しを示す文書ですから、金銭の受取書とみなされます。また、請求書や納品書に「代済」などと記載することによって金銭の受領を証明しているときも、金銭の受取書とみなされます。

では、クレジットカードを使用して購入した場合はどうでしょうか。商品を購入した際に発行される利用明細書は、金銭を受け取ったことを示すわけではありませんから、課税対象にはなりません。一方、クレジットの買上代金が支払われたことを示す「支払完了明細書」などについては、課税対象となります。

ただし、記載金額が5万円未満のものや、営業に関しないものについては、金銭又は有価証券の受取書であっても非課税となります。

課税される金額は、①の場合、記載金額が5万円以上100万円以下であれば200円、100万円を超え200万円以下であれば400円というように記載金額によって規定されています。②の場合、1通につき200円です。

Q ゴルフ会員権やスポーツクラブの会員証は課税対象なのでしょうか。

A ゴルフ会員権を入手したことを示す証書やスポーツクラブの会員証は、入会金等を支払い、会員になったときに発行される文書です。これらの文書が印紙税の課税対象になるかどうかは、その文書の内容が印紙税法別表第一に規定された課税文書に該当するかどうかによって決まります。

ゴルフの会員権やスポーツクラブの会員証には、①クラブの会員資格を表す証明書、②財産としての価値を示す証書、③入会保証金の預り書（預り証）などの性質があります。

まず、①の場合、単に「このクラブの会員である」という資格や身分を示すためのものであれば、課税文書には該当しません。入会金などの金額が記載されているわけではありませんし、契約の内容を示すものでもないからです。

ゴルフ会員権などの場合、②のように会員証が売買の対象にもなり得る財産としての価値を示すこともあります。つまり、株券や社債券などと同様、有価証券とみなされるということです。この場合も、印紙税の課税対象にはなりません。

③の場合、原則として課税文書となります。ただ、入会保証金がどのように扱われるかによって印紙税の額が違ってきます。たとえば、入会金を３年間据え置いた後に一括または分割して返還するような場合、「消費貸借に関する契約書」として扱われますので、「印紙税法別表第一」の第１号文書に該当します。この他、「入会金は退会時に一括して返還します」など、入会金を保証金として扱うことを示したものの場合、「金銭又は有価証券の受取書」として扱われますので、第17号文書に該当することになります。

Q 株式の配当金を支払う場合には課税対象になるのでしょうか。

A 印紙税法には、課税文書として「配当金領収書又は配当金振込通知書」（別表第一第16号）の記載があります。つまり、株式の配当金を支払うにあたって「配当金領収書」や「配当金振込通知書」を発行した場合は、１通につき200円の印紙を貼らなければなりません。

ここでいう「配当金領収書」とは「配当金の支払いを受ける権利を表彰する証書又は配当金の受領の事実を証するための証書」をいい、「配当金振込通知書」とは「配当金が銀行その他の金融機関にある株主の預貯金口座その他の勘定に振込済みである旨を株主に通知する文書」です。たとえば、会社が株主に対し、各期の配当金の支払内容を通知するような文書がこれに該当します。

一方、会社が直接株主に配当金を支払い、それに対して発行した受領書は、第16号文書ではなく、売上代金以外の金銭又は有価証券の受取書（第17号の２文書）とみなされます。この場合、記載金額が５万円以上かどうか、営業に関するものと判断されるかによって印紙税が課せられるかどうかが決まります。配当を受け取る株主が個人の場合、営業にはあたらないと判断され、非課税となることが多くなりますが、投資を業とする営利法人などの場合は、課税対象となります。

なお、単に配当金がいくらになるかを通知するための「配当金計算書」や「配当金額通知書」といった性質のものに関しては、金銭の受け取りを示すわけではありませんので印紙税はかかりません。

また、郵便振替によって配当金を支払う際に発行される「郵便振替通知書」も、非課税となっています。

Q 通帳や友の会の会員証、家賃の受取書は課税対象なのでしょうか。

A 「通帳」にもいろいろな種類があります。銀行等の金融機関で発行される預貯金通帳だけでも、普通預金通帳、通知預金通帳、定期預金通帳、貯蓄預金通帳、総合口座通帳などの種類がありますが、そのいずれもが「印紙税法別表第一」の第18号文書に該当します。また、生命保険会社の作成する保険料通帳も同じく第18号文書です。通帳の様式は、糸などで中央を綴じた冊子型が多いようですが、金融機関等と預金者との間の預貯金の受渡しを継続的に記載するものであれば、１枚の紙であっても通帳とみなされます。第18号文書の印紙税は、１冊につき200円です。

では、友の会の会員証や家賃の受取書などは課税対象になるのでしょうか。友の会とは、百貨店などが運営する団体で、顧客を会員として組織し、買い物の際の割引や会員限定の催し物への招待など、顧客サービスを行うことを目的としています。会員になった顧客に対しては、会員証を発行するのが一般的ですが、ここで問題になるのが、友の会の会員証に会費の受け取りを示す内容が記載されている場合です。毎月ごとに１枚ずつ会費の受領書を発行しているのであれば、記載金額が５万円未満であれば印紙税はかかりません。また、５万円以上の会費だったとしても、友の会の事業が営業にあたらないと判断されれば、非課税となります。一方、月々の会費の受け取りを継続的に記載している場合、印紙税法別表第一の「通帳」（第19号文書）に該当するとみなされ、１冊400円の印紙税を支払わなければなりません。

家賃の受取書も同様です。月々の家賃の受渡しを継続して証明するものであれば、１枚の紙であっても第19号文書として１枚につき400円の印紙を貼る必要があります。

Q 判取帳は課税対象なのでしょうか。

A 判取帳とは、商品の仕入れや請負などの取引について、複数の取引先との金銭等の受渡しを継続的に記録しておくためのものです。たとえば、酒屋や魚屋、肉屋などの商店が複数の飲食店に頻繁に現金で納品している場合などに、いちいち領収書を発行せず、取引日、取引先、取引金額など必要事項を記入して印を押してもらうこと（これを付け込み証明という）で領収書の代わりにするわけです。このうち、課税対象となるのは、①不動産、鉱業権、地上権、消費貸借、運送などに関する契約書（第１号文書）、②請負に関する契約（第２号文書）、③金銭又は有価証券の寄託に関する契約書（第14号文書）、④金銭又は有価証券の受取書（第17号文書）によって証されるべき事項について、２以上の相手方から付け込み証明を受ける目的をもって作成する帳簿です。

課税される金額は、１冊の判取帳につき4,000円となっていますが、１冊の中に１年を超える付け込み証明がある場合は、１年ごとに4,000円の印紙が必要になります。

また、次のような場合は、判取帳への付け込みはなく、別途課税文書が作成されたものとして印紙税が課せられます。

・①の文書により証されるべき事項で、その付込み金額が10万円を超えたとき
・②の文書により証されるべき事項で、その付込み金額が100万円を超えたとき
・④の文書により証されるべき事項で、その付込み金額が100万円を超えたとき

なお、①、②、④の内容以外の取引等について記載した判取帳は、非課税となります。

10 契約の前段階に関する書類の取扱いはどうなる

申込書や注文書単体で契約書扱いになることがある

申込書は契約書にあたるのか

前述したように印紙税法上の契約書は、文書の名称にかかわらず、文書の形式や記載内容から実質的に判断されます。

つまり、たとえ「申込書」という名称の書類であっても、記載されている内容に契約を成立させる要素があれば、課税対象文書とされる可能性があります。

契約を成立させる要素とは、契約当事者による「申込」と「承諾」があり、これらが合致していることです。このことから、たとえ申込書であったとしても、その内容から契約成立の要素が読み取れるもの（契約の成立を証明する目的で作成されたもの）であれば、契約書として取り扱われます。

具体的には、「○○約款承認の上、お申込いたします」と記載された申込書は、約款に基づく申込が明らかなため、申込書の作成により自動的に契約が成立すると考えられます。ただし、当該約款に「申込に対しては、その内容を審査し、適格であると認めた場合に限り、申込を承認します」といった記載がある場合は、自動的に契約が成立するとは考えられません。

見積書に基づく注文書は契約書にあたるのか

注文書も申込書同様、通常は契約の成立要件である申込のみを意味します。また、見積書は「契約の誘引」であって、「申込」でも「承諾」でもありません。

このことから、通常であれば見積書に基づく注文書の作成は契約の成立を証明する文書とは扱われません。ただし、注文書に「見積書に基づく申込であること」が記載されているような場合、契約の成立を証明する文書として課税対象となる可能性があります。

具体的には「貴社、○年○月○日付お見積もりに基づいて注文いたします」といった記載がある場合です。このような記載があれば、見積書自体が「契約の申込」とされ、これに基づく注文書は、「契約の承諾」として考えられるわけです。

なお、基本契約書に「注文書の提出をもって、契約成立の証とする」と取り決めがある場合なども、注文書のみで契約成立を証明する文書となります。

注文書に双方の署名や押印がある場合

注文書には、注文者だけでなく受注者の署名や押印を行うものがあります。たとえば、２通作成する注文書のうち、１通に署名や押印を行って返却する形式の注文書などです。このような場合、一般的には契約当事者の「申込」と「承諾」という意思の合致を証明する目的で作成されたものといえるので、契約成立を証明する文書として課税文書となります。

ただし、受注者側が注文書の受領を証明する目的で署名・押印したようなものは、契約成立の意思を証明するものとして考えられないため、契約書としては扱われません。判断が難しいのは、受注者側が注文自体の受注を証明するつもりでなくても、「注文数」「納期」などについて確認した署名や押印を行った場合です。注文者に内容の確認を行ったとして返送する目的であっても、あるいは本社や親会社に内容を確認したことを意味する目的で行ったとしても、「注文数」や「納期」を確認する署名や押印を行えば、注文自体に対して受注の意思を示す目的を有することになり、契約書として扱われることになります。

署名や押印する者にとっては、注文書という文書自体の受領を証明することも、「注文数」や「納期」について内容を確認したことを証明することも同じように考えてしまいますが、印紙税法上では、大きな違いを持ってきますので注意が必要です。

仕様書は契約書にあたるのか

工事請負や物品の製作、ソフトウエアの開発などを委託する際に、何を作るべきかを明確にするため、発注者側の要求事項を表現した文書を仕様書といいます。この仕様書は事前にあるいは同時に交わされた契約書によって明確にできない委託内容の詳細を示す文書（図面）として認識されているため、一般的に契約の成立を示す文書とは考えられていません。

しかし、印紙税法に基づく考え方では、仕様について承認する目的で署名や押印を行った文書については、取引の対象について合意が成立した契約書として取り扱うとしています。

ここでの注意点としては「仕様について承認する目的」とされているため、たとえば契約当事者の一方から提出された仕様書という文書自体の受領を証明する目的で署名、押印した場合は、印紙税法上の契約書にあたらず、課税文書とはならないことです。具体的には、「承認印ではなく受領印を押印する」「確認欄に承認ではなく受領という見出しを設ける」などです。これらの方法を取ることで、仕様書が契約書として取り扱われることはありません。

ただし、仕様書を作成するような場合は、完成品（納入物）に関する不完全履行（約束が完全に果たされていないこと）や、契約不適合責任（後から目的物の不具合が発見されること、43ページ）の問題が生じないように行うものですから、文書自体の受領のみを証明する「受領印」といった方法では、有用性が低くなるために注意が必要です。いずれにしても、印紙税法上では仕様書も契約書にあたる可能性が高いことを認識しておくことは大切です。

11 通知書などは契約書にあたるのか

通知書であっても、課税対象とされることがある

単価決定通知書は契約書にあたるのか

取引先から単価の見積もりを依頼された場合に、単価の内容を決定し、その旨を外注先に通知する通知書は、単なる通知文書であれば課税文書には該当しません。しかし、双方の署名や押印がなされるものは単価決定通知書であっても、課税文書として判断されます。

また、双方の署名などがない場合であっても、「見積単価と、決定単価」や「申込単価と、決定単価」といった記載があり、双方の協議の上、単価が決定されたと読み取れるものは課税文書となります。文書に「契約単価」「協定単価」「契約納入単価」など、契約の成立を証すべき記載がある場合も同様です。

ただし、他に承諾書など契約成立の事実を証明する文書を作成する場合は、通知書を契約書として扱いません。逆に、契約当事者間で協議の上、決定した単価を通知することが、基本取引契約書などで取り決められている場合は、上記に該当しない場合でも課税文書と判断されます。この場合、単価の通知文書の印紙税法上の文書の種類は、もととなっている基本取引契約書等と同じ号に所属します。なお、課税文書と判別されるような単価の通知文書とは、「１か月あたりの報酬５万円」や「１ｍあたりの単価　1,500円」のように、具体的な数値を単価として定めている文書を指します。単価を「従来の報酬の1.2倍とする」や「時価」と通知しているような文書の場合は、具体的な数値を定めているとは言えないことに留意する必要があります。

このように、単価を定める文書が単なる通知文書ではなく、請負に関する継続的取引に共通して適用される取引条件の一部として扱われ

るケースでは、請負に関する契約書（２号文書）または継続的取引に関する契約書（７号文書）のいずれかの課税額を印紙で貼付する必要があります（どちらになるかの判断は170ページを参照）。

事業者間の取引では、一定数量や一定金額以上の取引を行うと、値引きを行ったり、リベート（契約成立の謝礼として受け取る金銭や本来の取引額に一定額を上乗せする金銭のこと）を支払うような場合があります。この場合、通常は事前に取り決めのあった値引率やリベート率を基に行うため、提出する「通知書」は課税文書とはなりません。

しかし、買い手業者からの申入れにより売り手業者が、取り決めのあった値引率やリベート率どおりではない金額を決定した場合は、事前の取り決めを変更する契約といえるので、請負に関する契約書（第２号文書）として、課税文書となります。この場合、具体的には「貴社から掲示された理由により、○○円値引します」といった内容が記載されることになります。

この他、金融機関や保険会社が、申込人からの借入申込に対し、審査を行った上、貸付を決定した旨を記載し、通知する「貸付決定通知書」という書類があります。このような貸付については、申込人が有している現金・預金や返済能力などを審査した上、貸し付けるという流れになっています。このことから、貸付を行うという決定内容を記載して申込人に交付する貸付決定通知書は、貸付の予約を証明する目的で作成される文書として扱われます。このような文書は印紙税法上、消費貸借に関する契約書（第１号文書）として課税文書とされます。

なお、この貸付決定通知書はあくまで貸付の予約を意味するものなので、後日、「借用証書」や「金銭消費貸借約定書」などの契約書を作成することになりますが、印紙税の課税対象は文書ごととなるため、いずれの文書に対しても課税されることに注意が必要です。

12 不動産賃貸借契約と保証金の取扱いについて知っておこう

契約に付随する金銭の授受がある場合には注意する

不動産賃貸借契約書の印紙税額

不動産賃貸借契約書のうち、対象が建物であれば非課税文書となります。これは、居住用と事業用のどちらの場合も同様です。これに対して対象が土地の場合、第1号文書として課税文書となります。また、土地賃貸借契約書には、保証金や敷金の金額が記載されていることもありますが、これらについては印紙税額の算定に考慮されません。一方で権利金に関する記載額がある場合、地代への課税額と権利金への課税額を比較し、金額の多い方の印紙を貼付する必要があります。

なお、建物賃貸借契約書は非課税文書ですが、保証金の授受がある場合、第1号の3文書（消費賃借に関する契約書）として課税対象になります。

建設協力金に関する記載がある場合

地主の名義で賃貸物件を建て、借主が建物の建設資金の一部を地主に対して貸し付け、毎月の家賃の一部と相殺して返済する「建設協力金」というものがあります。前述したように建物の賃貸借契約書は非課税ですが、建設協力金の授受については、一定の金銭を受領し、一定期間据置後に返還することを約しているものと考えられるので、消費貸借に関する契約書（第1号文書）として取り扱われます。つまり、建物の賃貸借契約書にこのような建設協力金の記載があれば、課税文書となります。なお、保証金についても、賃貸借契約期間などに関係なく、一定期間据置後に返還することを約している場合は、消費貸借に関する契約書に該当します。

13 印紙税の納付方法と貼り忘れなどのトラブル

印紙を貼り付けて納めるのが一般的

どのように納めるのか

印紙税は、郵便局などで印紙を購入し、該当の文書に貼り付けて納めるのが一般的です。このとき、文書の作成者が、貼った印紙と文書にまたがるように印（消印）を押すことになっています。

この他、納税の方法としては、次のようなものがあります。

① 特定の税務署に文書を持参して必要な印紙税を納付し、税印捺印機を使って税印を押す
② 税務署長の承認を受けて印紙税納付計器を設置し、あらかじめ納付した印紙税額の範囲内で自ら納付印を押す
③ 税務署長の承認を受けて課税文書に一定の書式を表示すると共に、1か月間の作成数量を翌月末日までにとりまとめて申告し、その申告に係る印紙税額を金銭で納付する

不納付となる原因とは

課税文書に印紙が貼られていなければ当然不納付となります。印紙が貼られていない原因としては、次のようなことが考えられます。

① 貼り忘れ、もしくは印紙税そのものの存在を知らない場合

担当者の単純なミスによる貼り忘れの他、中には印紙税自体を知らなかったということもあります。広く一般に知られているはずの印紙税ですが、小中学校などで印紙税について詳しく学んだという人はそれほど多くないでしょう。個人が日常生活を送る中ではあまり目にす

る機会もありませんから、就職して初めて印紙税の存在を知ったという人も意外に多いようです。

② 印紙税について誤った解釈をしている

契約書などの文書に印紙を貼らなければならないことは知っていても、金額等について勘違いをしており、印紙を貼っていない、印紙税額が不足しているといったこともあります。

たとえば、売上代金の受取書の場合、5万円以上100万円以下であれば200円、100万円を超え200万円以下であれば400円というように、記載金額によって印紙税額が上がっていきますが、「一律200円でよいと認識していた」ような場合です。また、契約の成立を示す文書であれば印紙を貼らなければなりませんが、「契約書」という名目ではないため印紙を貼らなかったといった場合なども挙げられます。

③ 必要性を知った上で、あえて貼っていない

経営が悪化し、少しでも支出を抑えたいなどの事情で、印紙税の必要性を知りながら貼らなかったという悪質な事例もあります。

間違って貼付した場合や貼付し忘れた場合

本来収入印紙を貼付する必要がない書類に間違って収入印紙を貼付した場合や、本来貼付しなければならない書類に収入印紙を貼付しなかった場合には以下のように取り扱われます。

・間違って貼付した場合

印紙を課税額以上に貼ってしまったり、貼る必要のない文書に貼り付けた場合は、税務署に持参すれば返金してもらえます（還付といいます）。ただし、返金されるのは印紙税として納めるために使用した分に限られます。

還付を受ける場合、必要事項を「印紙税過誤納確認申請書」に記入して、納税地の税務署に提出します。過誤納金の還付手続きについては、手数料は不要です。

課税文書に収入印紙を貼付したものの、その文書を使用する機会がなくなったようなケースでも印紙税の還付を受けることができます。

・貼付し忘れた場合

一方、印紙を貼り忘れた場合、手元に文書があるならばすぐに貼り付ければよいのですが、すでに手元にない場合は自主的に税務署に申し出るのがよいでしょう。この場合、印紙税額の1.1倍の過怠税が課せられます。

印紙を貼り付けないまま放置し、税務調査で見つかった場合や、税務調査があることを知った後に税務署に申し出をした場合は、納付されなかった金額とその２倍の金額（本来の印紙税額の３倍の金額）の過怠税を課せられますので、早めに対応するべきでしょう。

なお、印紙は国へ税金や手数料を支払ったことを証明するものです。前述したように、印紙が貼付されていなくても契約自体は有効ですが、印紙税法上は脱税として扱われることになるため、注意しなければなりません。

■ 収入印紙を貼付しない場合に課される過怠税

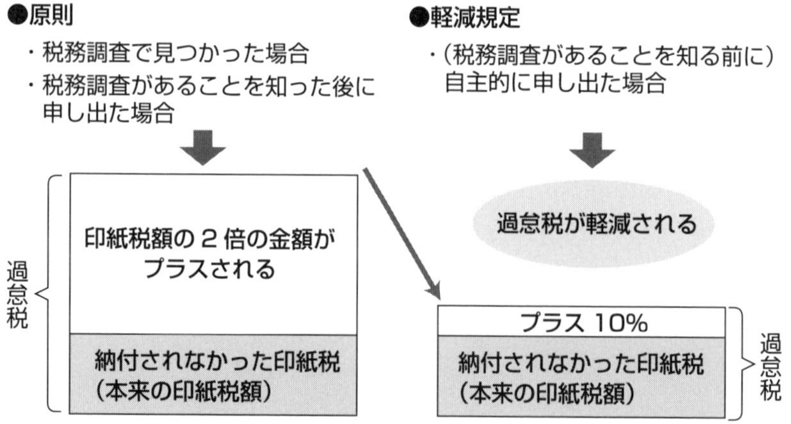

14 軽減税率が適用される契約書もある

印紙税の軽減税率について把握する

なぜ軽減税率が適用されるのか

印紙税法における軽減税率の制度は、建設工事請負や不動産譲渡の取引について消費者負担の軽減を行い、厳しい産業とされている建設業や不動産業の活発な建設投資、不動産取引の促進を目的としています。また、印紙税の課税にかかる不公平感がなくなるよう考慮されています。

もともと平成９年４月１日以降に作成された契約書が軽減措置の対象とされていましたが、平成26年４月１日以降は軽減措置の内容が変わりました。現在では、平成26年４月以降は、軽減措置の対象は、不動産譲渡契約書については50万円を超えるもの、建設工事請負契約書については200万円を超えるもの（共に平成26年４月１日～令和６年３月31日）となっています。

なお、不動産譲渡や建設工事の契約成立を証明するために作成するものであれば、文書の名称にかかわらず、基本契約書や、金額の変更、内容の追加などにおける覚書、変更契約書、補充契約書などが含まれます。軽減後の印紙税額は249 ～ 251ページの印紙税額一覧表のとおりです。

具体的にどんな場合があるのか

具体的には、どのような契約書に適用されるかを不動産の譲渡の場合、建設工事請負契約の場合に分けて説明します。

・不動産譲渡に関する契約書（第１号文書）

この契約書は、土地、建物といった不動産の譲渡（売買、交換等）

に関する契約書に限られています。このことから、地上権や土地賃借権の譲渡に関する契約書は対象となりません。

・建設工事の請負契約に関する文書（第２号文書）

この契約書の対象となる建設工事とは、建設業法第２条第１項に基づいており、具体的には以下の工事をいいます。

土木一式工事、建築一式工事、大工工事、左官工事、とび・土工・コンクリート工事、石工事、屋根工事、電気工事、管工事、タイル・れんが・ブロック工事、鋼構造物工事、鉄筋工事、ほ装工事、しゅんせつ工事、板金工事、ガラス工事、塗装工事、防水工事、内装仕上工事、機械器具設置工事、熱絶縁工事、電気通信工事、造園工事、さく井工事、建具工事、水道施設工事、消防施設工事、清掃施設工事、解体工事

このことから、建築物の設計や建設機械に関する契約書等は対象となりません。

適用されない契約書にはどのようなものがあるのか

平成26年４月１日から令和６年３月31日の期間外に作成された契約書に関して、印紙の貼付を忘れていたとしても、それらの契約書に軽減税率は適用されませんので、通常の税率によって課税される印紙を貼付することになります。また、以下の契約書についても軽減税率の適用はありません。

① 不動産の譲渡代金や建設工事代金支払いのために振り出す約束手形（第３号文書に該当）

② 不動産の譲渡代金や建設工事代金を受領した際に作成する金銭や有価証券の受取書（第17号文書に該当）

第5章

弁済と領収書作成の知識

1 弁済について知っておこう

弁済によって債権の内容が実現すると債権は消滅する

弁済によって債権は消滅する

弁済とは、借金の返済や物品の引渡しなど、債務者または第三者が債権の内容を実現することです。弁済をすることによって、債権は消滅します。たとえば、銀行（債権者）から100万円を借りた人（債務者）または保証人が銀行に100万円とその利子を全額返済（弁済）すれば、100万円の貸金債権の内容が実現されたため、債権は消滅します。

債権の一部を弁済した場合は、その一部の債権のみが消滅します。先ほどの例では、銀行から借りた100万円のうち30万円の返済があれば、100万円の貸金債権のうち、30万円分が消滅し、70万円の貸金債権が残る、ということになります。

弁済によって債権を消滅させるためには、本来は、弁済として行った給付物（お金や物など）を債権者が受け取ることが必要となります。しかし、債権者が債務者による弁済を受け取ることができるにもかかわらず、何らかの理由で受け取らない場合もあります。たとえば、建物の賃貸借契約において、賃借人（債務者）が賃貸人（債権者）に対して賃料を支払おうとしているところ、賃貸人が賃料の増額を主張している場合に、増額後の賃料額でなければ、賃借人から賃料を受け取らない、と主張するような場合です。

このように、債務者が弁済を提供しているにもかかわらず債権者が受け取らないために、債務者が履行遅滞の責任を負うというのは不合理です。そこで、民法は、債務者が債務の本旨に従った弁済の提供をすれば、債務者は以後、履行遅滞などの債務を履行しないことによって生じる責任を免れるとしています（民法492条）。

弁済の提供の方法

弁済の提供の方法としては、「現実の提供」と「口頭の提供」があります。弁済の提供は、債務の本旨に従って、現実にしなければならないのが原則であり、これを現実の提供といいます。「債務の本旨」とは、債務の内容に適合したものでなければならないということをいい、弁済の提供時期や提供場所などがすべて債務の内容に適合していることが必要となります。

このように、弁済の提供の方法は現実の提供が原則ですが、債権者があらかじめ受領を拒んだ場合や、弁済をするためには債権者の協力が必要である場合には、債務者は、現実の提供をするのに必要な準備を完了して、債権者にその受領をするように催告（請求）をすれば、弁済の提供の効果が認められます。これを口頭の提供といいます。

「現実の提供をするのに必要な準備」とは、一般的には、債権者が翻意して、債権を受領しようと考えたときに、いつでも受領できる体制を整えておくことを指します。特に債務の内容が物の引渡しである場合には、実際の引渡しに必要な目的物の保管や人員体制を整備しておかなければなりません。

本来の給付に代えて他の給付をすることで債権が消滅するという契約をすることもできる

弁済者（債務者または弁済をすることができる第三者）は、債権者との間で、債務者の負担した給付に代えて他の給付をすることによって債務を消滅させる旨の契約）をすることができます。このような契約のことを「代物弁済契約」といいます。代物弁済契約をした場合、弁済者が他の給付をしたときは、その給付な弁済と同一の効力を有するため、これによって債権は消滅するのです。

たとえば、債務者Ａが債権者Ｂから借りているお金を返すことに代えて、Ａが所有する不動産をＢに引き渡すことによって借金を消滅させる旨の代物弁済契約をＡＢ間で行った場合、Ａが当該不動産をＢに引き渡したときは、Ａの債務（借金）が消滅します。

なお、代物弁済契約を締結した場合であっても、債権者は当初の給付（前述の例でいえば借金の返済）を請求することができます。

第三者も原則として弁済することができる

弁済をすることができるのは、債務者本人だけではありません。第三者が債務者のために弁済することも、原則として可能です。これを「第三者の弁済」といいます。

例外として、①弁済をすることについて正当な利益を有する者でない第三者は、原則として、債務者の意思に反して弁済をすることはできません。ただし、債務者の意思に反することを債権者が知らなかったときは、このような第三者でも債務者の意思に反して弁済をすることができます。また、②弁済をすることについて正当な利益を有する者でない第三者は、原則として、債権者の意思に反して弁済をすることもできません。ただし、その第三者が債務者の委託を受けて弁済する場合であっても、そのことを債権者が知っていたときは、債権者の意思に反して弁済をすることができます。

なお、「弁済をすることについて正当な利益を有する者」とは、債務を弁済することについて法的な利害関係のある者のことをいいます。判例によると、保証人、物上保証人、抵当不動産の第三取得者、借地上の建物の賃借人などが該当します。

弁済を受領する権限を有する者としての外観を備える者に対する弁済

弁済の受領権者（債権者や、法令の規定または当事者の意思表示によって弁済を受領する権限が付与された第三者）以外の者であっても、取引上の社会通念に照らして受領権者の外観を備える者に対して弁済をした場合は、その弁済をした者が、善意・無過失である（相手が弁済の受領権者であると信じて弁済し、そのように信じたことについて弁済者に落ち度がなかった）ときに限り、弁済としての効力を有するとされています。つまり、その弁済は有効となり、債権は消滅します。

取引上の社会通念に照らして受領権者の外観を備える者とは、たとえば、債権者の代理人であると詐称して債権を行使する者（詐称代理人）や、弁済の受取証書を持参した者などのことをいいます。このような者を、弁済の受領権者であると信頼した弁済者を保護するために、弁済者が受領権限のない者であると過失なく信じた場合には、その弁済は有効であるとされているのです。

なお、弁済者が、前述のように善意・無過失であったために弁済が有効とされた場合、弁済者は、受領権者としての外観を備える者に対して、弁済として給付した物の返還を請求することはできません。

■ 受領権者としての外観を備える者に対する弁済の例 …………

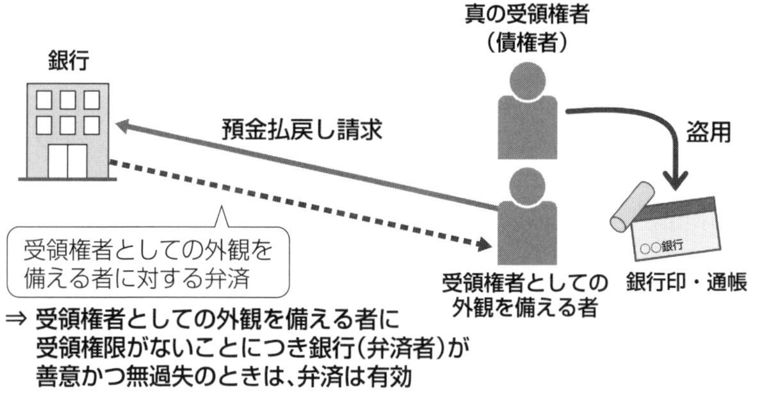

2 弁済の方法について知っておこう

弁済の方法・時間・場所等に関する規定が置かれている

弁済の方法に関する民法上のルール

弁済の方法に関しては、民法上、以下のような定めがあります。

① 特定物の現状引渡しができる場合（483条）

債権の目的が特定物（33ページ）の引渡しである場合は、「契約その他の債権の発生原因及び取引上の社会通念に照らしてその引渡しをすべき時の品質を定めることができない」ときに、弁済者が引渡し時の現状で引渡しをすべきと定めています。

② 預貯金口座への振込みによる弁済（477条）

口座振込みによる弁済に関しては、債権者の預貯金口座への払込みによる弁済は、債権者が預貯金に係る債権の債務者（銀行・郵貯）に対して預貯金払戻請求権を取得した時（ATMなどで預貯金の引出しが可能となった時）に、弁済の効力が生じると定めています。

③ 弁済の場所・時間（484条）

弁済の場所に関しては、弁済すべき場所について当事者の特約（別段の意思表示）がないときに、特定物の引渡しは債権発生時にその特定物が存在した場所で、その他の弁済は債権者の現在の住所で、それぞれしなければならないと定めています。

④ 弁済をする際の受取証書の交付請求（486条）

弁済をする者は、弁済と引換えに、弁済を受領する者に対して、領収書などの受取証書の交付を請求することができます。

⑤ 弁済の提供について（492条）

弁済の提供とは、債務者として必要な行為をして、債権者の協力を求めることです。また、改正前の民法では、弁済の提供により「債務の不履行によって生ずべき一切の責任を免れる」と規定されていましたが（改正前492条）、改正後の民法（令和２年４月１日施行）では「債務を履行しないことによって生ずべき責任を免れる」と変更されています。しかし、改正前の民法の下でも、弁済の提供により免れるのは履行遅滞責任であると考えられていましたので、取扱上の変更はありません。

弁済の充当

民法は、弁済の充当の方法についてもルールを定めています。弁済の充当とは、弁済者が１個または数個の債務の全部を消滅させるのに足りない給付をしたときに、いずれの債務の給付に充てるべきかという問題です。なお、数個の債務の場合は、同一の債権者に対して同種の給付を目的とする数個の債務を負担するときに限り、弁済の充当が問題となります（488条１項、489条１項）。たとえば、売買代金債務と貸金債務という同じ金銭債務の履行として、弁済者が金銭の支払い（同種の給付）をした場合に、弁済の充当が問題となります。

まず、①当事者の合意（充当すべき債務の指定）があれば、その合

■ 弁済の方法に関する規律

- **特定物については現状での引渡しができる場合が限定される**
  - ➡ 契約などの発生原因や取引上の社会通念に照らして品質を定めることができない場合に限定
- **預貯金口座への振込みによる弁済の効力発生時**
  - ➡ 払込みに係る金額の払戻しを請求する権利の取得時に弁済の効力発生
- **弁済の場所・時間**
  - ➡ 法令・慣習で取引時間の定めがある場合は、取引時間内に限り弁済または弁済請求ができる
- **弁済の提供の効果**
  - ➡ 債務を履行しないことによって生ずべき責任を免れる

意に従います（合意充当、490条）。次に、当事者の合意がなければ、②弁済者が給付時に指定を行うことができます（488条１項）。一方、弁済者の指定がなければ、③受領者が受領時に指定を行うことができます（488条２項）。②③は指定充当といいます。

そして、当事者の合意も指定もなければ、④民法の規定に従って充当を行います（法定充当）。たとえば、債務の中に弁済期にあるものとないものがあるときは、弁済期にあるものに先に充当します（488条４項１号）。また、債務について元本の他に利息や費用を支払うべき場合は「費用→利息→元本」の順に充当します（489条１項）。

弁済目的物の供託（弁済供託）とは

弁済目的物の供託は、単に供託と呼ばれることが多く、弁済者が債権者のために弁済の目的物を供託所（金銭や有価証券などを預かり、その保管をする機関。全国の法務局や地方法務局などに設置されている）に預けて、その債務を免れる（債権者の債権を消滅させる）とする制度です。たとえば、ＡがＢに対する100万円の貸金債務を弁済しようとしたが、Ｂがその受領を拒絶した場合、Ａは供託所に100万円を預けることで、Ｂの貸金債権を消滅させることができます。

弁済者は、以下の①～③のいずれかに該当する場合に、債権者のために弁済目的物の供託ができます（494条）。前述のケースはＢが受領を拒絶しているので、①に該当します。

① 弁済の提供をしたが、債権者が受領を拒んだとき。
② 債権者が弁済を受領することができないとき。
③ 弁済者の過失なく債権者を確知することができないとき。

自助売却とは

自助売却とは、弁済者が裁判所の許可を得て、弁済目的物を競売に付して、その代金の供託ができる制度です。弁済者は、以下の①～④

のいずれかに該当する場合に、自助売却を行うことができます。改正後の民法では④が追加されたため、自助売却を行えるケースが広がったということができます。たとえば、弁済目的物が生鮮食品のときは①または②に該当し、自助売却が認められると考えられます。

① 弁済目的が供託に適しないとき。

② 弁済目的物に滅失、損傷その他の事由による価格の低落のおそれがあるとき。

③ 弁済目的物の保存に過分の費用を要するとき。

④ ①～③に掲げる場合の他、弁済目的物を供託することが困難な事情があるとき。

弁済供託の効果

弁済者が弁済目的物または自助売却による代金を供託した時に、債権者の債権が消滅するという効果が発生します。それと共に、債権者には供託物還付請求権が発生します。ただし、債務者が債権者の給付に対して弁済をすべき場合には、債権者は、その給付をしなければ、供託物を受け取ることができません。

■ 債務が複数ある場合の弁済の充当方法の例

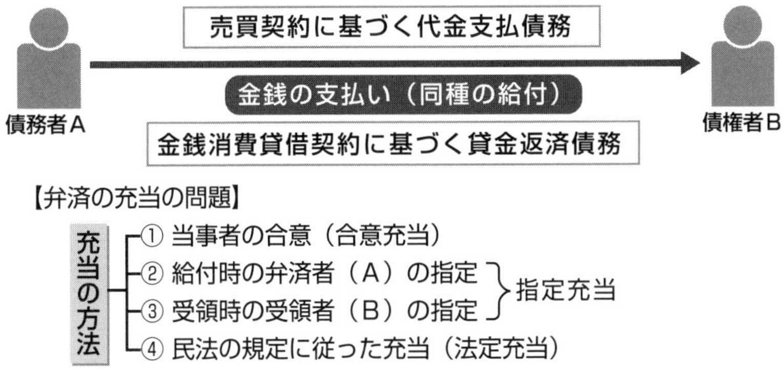

3 第三者が弁済した後の法律関係について知っておこう

弁済した第三者が求償権を確保するために債権者の一切の権利を行使できる制度

第三者が弁済した場合はどうなるのか

債務者のために適法に弁済をした第三者は、民法上、債権者に代位するとされています。これを「弁済による代位」といいます。

弁済による代位とは、弁済を行った第三者が、債務者に対する求償権を確保するため、債権の効力や担保として債権者が有していた一切の権利を行使できるとする制度です（499条）。

具体的には、債権の担保として設定していた抵当権・質権などの担保権や、履行請求権や損害賠償請求権の他、債権者代位権、詐害行為取消権などの一切の権利を行使することができるのです。

たとえば、AがBに対して100万円の貸金債務を負担し、貸金債務の担保としてA所有の土地に抵当権を設定していた際に、第三者Cが貸金債務をすべてBに弁済したとします。この場合、Cは、Aに対して100万円の求償権を取得しますので、この求償権を確保するため、土地の抵当権を実行して競売代金から100万円の回収ができます。ただし、この場合の「一切の権利」の行使は、債権者に代位した者が「自己の権利に基づいて債務者に対して求償できる範囲内」（求償権の範囲内）に限定されます（501条２項）。Cが100万円の回収ができるとするのは、CのAに対する求償権が100万円であるからです。

弁済による代位には、①弁済をするについて正当な利益を有する者が弁済したときに債権者に代位する法定代位と、②その他の者（正当な利益を有しない者）が弁済したときに債権者に代位する任意代位があります。

法定代位の場合は、特段の手続きを経なくても、弁済によって当然に債権者に代位します。債権者や債務者の意思に反していても第三者弁済ができる正当な利益を有する者（たとえば保証人、物上保証人、抵当不動産の第三取得者）が弁済したときに、その弁済者が法定代位者となります。一方、任意代位の場合は、債権者の意思に反する弁済が無効となりますが、弁済に際して債権者の承諾を得る必要はありません。そこで、第三者弁済をする正当な利益がなくても、債権者が弁済を受領した場合は、その弁済が債権者の意思に反しない限り、当然に弁済者は債権者に代位することになります。

法定代位と任意代位の相違点は、任意代位の場合に限り、債権譲渡における債務者対抗要件（債務者への通知または債務者の承諾）、第三者対抗要件（確定日付のある証書による債務者への通知または債務者の承諾）を備えなければ、代位した事実を債務者や第三者に対抗できないという点です。債権者に代位した者（法定代位者・任意代位者）は、前述のように、「債権の効力及び担保として債権者が有していた一切の権利」を行使することが可能です。

■ 弁済による代位の例

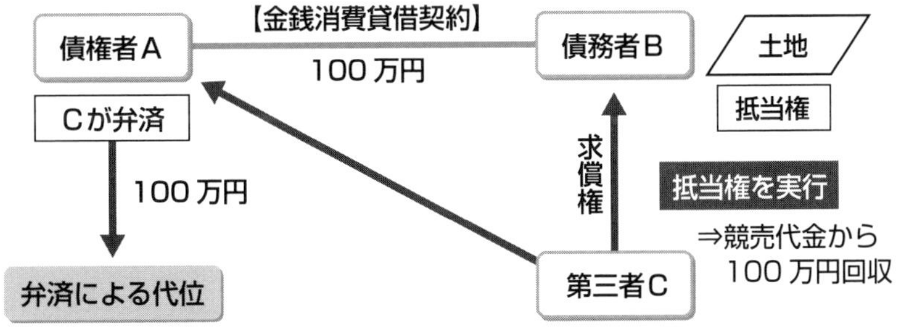

弁済した第三者は、債権の効力や担保として債権者が有していた一切の権利（抵当権など）を行使できる

4 領収書とはどのようなものなのか

領収書は一定の証拠書類になる

領収書はいろいろなことに役立つ

領収書とは、何らかの債務の弁済を証明するために、債務者に対して弁済の受領者が発行する書類のことです。身近なところでは、売買や金銭消費貸借（お金の貸し借り）などで金銭を受け取った際に発行します。支払う側から見れば、自分が支払ったことの証明ができ、受け取る側から見れば、自分が受け取ったことを証明できる。このようなはたらきを持つのが領収書です。

また、金銭だけではなく書類や商品の受渡しなども債務に含まれますので、これらの弁済を受けたときに受領書等の名称で発行することもあります。

つまり「領収書」という名称の書類だけではなく、取引明細書、受領書、領収等の文言の入った書面でも、債務の弁済を受けたことが明確に記されていれば領収書としての法的な意味を持ちます。

売買の際に、領収書を受け取っていれば、買主にとっては、すでに代金の支払いが済んでいることの明確な証拠になります。また、領収書は、一定の金額を支払ったという証拠となるため、二重払いを防止するという機能もあるといえます。

この他にも、領収書には、経理事務や確定申告の書類としてのはたらきもあります。つまり、経費処理などの申告の正しさを税務署へ証明するための証拠書類になります。

領収書の発行を求められたら発行しなければならない

領収書は必ず発行すべきものではありませんが、債務者（お金を支払う側）が支払いの際に領収書を発行するように求めたときには、弁済と引換えに発行すべき義務が発生します。民法486条に「弁済をする者は、弁済と引換えに、弁済を受領する者に対して受取証書の交付を請求することができる」と規定されています。

また、判例では、弁済受領者が領収書（受取証書）を発行しないときは、債務者は弁済を拒否することができるとしています。これは、民法上、同時履行の抗弁権と呼ばれ、双方に債務のある契約で、弁済期にある債務を相手方が履行するまでは、自分の債務を履行しないと主張できる権利のことです。

適法に同時履行の抗弁権を行使した場合は、履行遅滞（履行することが可能な状況にあるにもかかわらず、債務者が、定められた履行期に履行しないこと）の責任を負う必要がありませんので、契約解除や損害賠償（遅延利息の支払いなど）の責任も生じません。

領収書がないと、後でその日に弁済があったかどうかで争いが起こったときに、証拠がありませんので、証明することが難しくなります。

たとえば、借金の返済の場合で考えてみますと、領収書を発行するということは、返済があったと認めたことになるわけです。

返済がないにもかかわらず、返済期日に領収書を発行したとすると、その日に返済があったと認めていますので、領収書を証拠に返済を拒まれたら、他の手段で証明しなければなりません。また、返済期日後に返済があったとしても、遅延利息の請求ができなくなります。

逆に、返済期日どおりに返済しても、領収書が後で発行されたとすると、その間の遅延利息を請求されても、返済期日に返済したことを証明できなければ支払わなければならなくなります。

このような争いを避けるためにも、民法上、前述した同時履行の抗弁権が認められており、領収書と引き換えでなければ、債務の弁済を拒むことができるとされています。

物品の受領書も領収書である

「領収書」とは、債務の弁済を証明するために発行されるものですから、その弁済を受領した者から債務の弁済がなされた場合に交付される書面はすべて「領収書」であるということになります。

したがって、金銭の支払いの場合だけでなく、売買による商品の受渡しや請負による商品の引渡しなど、契約の目的物を受領した事実を記載した「物品受領書」も、「領収書」に含まれます。

ただし、物品受領書は商品を受け取ったということを証明する文書でしかないので、受け取った商品が壊れていたような場合の責任とは関係ありません。つまり、物品受領書に署名、押印などをした後に受領物が壊れていることがわかったとしても、物品受領書に関わりなく責任を追及できます。

■ 領収書の発行拒否と同時履行の抗弁

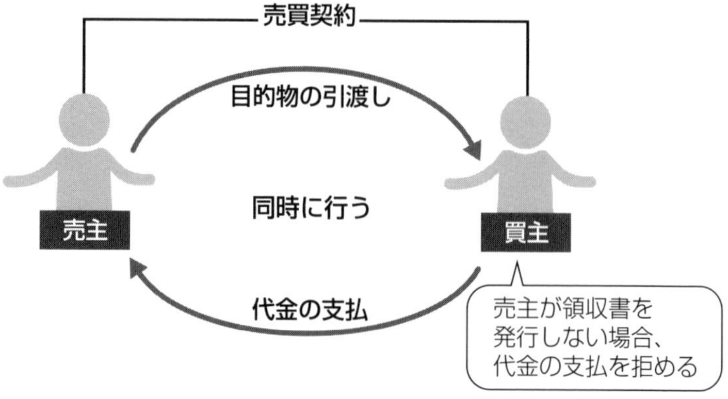

5 領収書を作成する際の注意点

決まりはないが、最低限書いておくべきことはある

作成上どんなことに注意したらよいのか

法令には領収書に何を記載しなければならないかという規定はありません。しかし、領収書の性格を考えると、最低限、ⓐ領収書という名称、ⓑ金額、ⓒ日付、ⓓ発行者（受領権者）の氏名・押印、ⓔ宛名については書いておくべきでしょう。

これらの事項を記載することで、「いつ、誰が、誰に対して、いくら支払った」という事が明確になり、その事実を証明することができます。「但書」については、何の代金として受け取ったのかを明確にするために、記載した方がよいでしょう。また、領収書の用紙にも大きさや形状などの決まりはありません。

なお、支払いの相手が代理人の場合には、委任状などによって相手の受領権限を確認する必要があります。弁済をした相手に受領権限がなければ、受領権限のない者に対する弁済となり、善意かつ無過失でない限りは、本人に支払ったことになりません。

また、116、117ページで説明した区分記載請求書等や適格請求書等のように、仕入取引について一定の記載事項を満たした書面を入手しないと消費税に関する仕入税額控除が受けられません。したがって、消費税の課税事業者が仕入税額控除を受けるには、上記ⓐ～ⓔの他にも、令和元年10月１日から令和５年９月30日まで適用される区分記載請求書等制度については、軽減税率の対象品目である旨及び税率ごとに合計した対価の額の記載、令和５年10月１日から適用される適格請求書等制度については、さらに税率ごとに合計した消費税額、適用税率、登録番号が記載された領収書を入手する必要があります。

領収書は番号を付けて管理する

領収書には、金額、日付、発行者（受領権者）、宛名、但書（その他前述した仕入税額控除適用のための記載事項）が記載されていれば問題ありませんが、さらに領収書に「番号」を付けることで、経理上管理しやすくなります。また、連番で管理すれば税務調査のときに不正を疑われることもありません。

宛名には、金銭を支払った相手の氏名（会社などの法人の場合は名称）を記載します。株式会社であれば「(株)」ではなく、「○○株式会社」「株式会社○○」と省略せずに書きます。「上様」も領収書としては有効ですが、紛失時に悪用されないためにも氏名・名称を書くようにしましょう。また、宛名が「上様」だと私的流用が疑われて、税務署に経費として認められない場合があります。自分宛に書いてもらうときにも、会社名や個人名を書いてもらうようにします。

第三者が債務を弁済した場合の宛名には２通りあります。

１つは、債務者の使者（本人の決定した意思表示を伝達する者）として第三者が弁済した場合で、宛名は債務者にします。

もう１つは、債務者のために第三者が弁済した場合（たとえば、保証人が債務者に代わって弁済をする場合など）で、宛名は第三者にします。この場合、第三者が債務を負担していますので、第三者が債務者へ求償することができるように、「但書」に債務者を記載して第三者として弁済したことを明確にしておく必要があります。

発行日ではなく受領した日付を書くこと

「領収書」という名称の書面だけではなく、金銭や商品などを受領したことが明確に記載されていれば、表題に関係なく受取証書としての効力を持ちます。表題がなくても記載内容に受領した事実が記されていれば、領収書ということができます。領収書以外にも一般的な表題として、領収証、受領書、勘定書、証明書、領収印つきの納品書、取引明細書、領収、振込通知書などがあります。

また、通常は受領と引き換えに領収書を発行しますので、領収書の日付と受領日は一致しますが、後日発行する場合などに領収書の日付と実際に受領した日が違っていたとしても、受領した事実はあるので受取証書としての効力に変わりはありません。

しかし、領収書の日付にはその日に返済（債務の弁済）があったことを証明するはたらきもありますので、日付が返済日より後になっていると履行遅滞となって遅延利息を請求されてしまいます。逆に返済日より前になっていると遅延利息の請求をすることができません。

また、領収書の日付が受領日と異なることを利用して、税金を逃れたりすると脱税になります。これらのことから、領収書の日付は発行日ではなく受領した日付を書かなければなりません。

記載のポイント

領収書の金額の記載方法について法律の規定はありませんが、金額を容易に書き換えることができないように、ⓐ金額の頭部分に「金」または「¥」を用い、最後に「円」「也」や「※」「－」など用いる、ⓑ三桁ごとにコンマで区切るようにするとよいでしょう。また、本書のサンプル（209ページ）は算用数字で記載していますが、「壱、弐、参、拾」といった漢数字を用いる方法も、改ざん防止のための有効な方法のひとつです。弁済する側は、相手の受領権限（受領権者であること）を確認し、領収書にも明確に記載してもらう必要があります。反対に、受領する側、つまり債務の弁済を受け取る側（領収書の発行者）の欄には、略称・通称などではなく、正式な氏名・名称の記載が必要です。

たとえば、個人の場合は、ペンネームや芸名などではなく、「○○○（通称）こと△△△△（本名）」のように、個人を特定できるように書くのがよいでしょう。また、代理人として受領する場合は、「△

△△△△代理人○○○○」のように代理権がある旨の記載が必要です。

但書の記載には意味がある

領収書の但書は、何に対する弁済なのかということを明確にする意味があります。

たとえば経費として処理したときに、但書に商品名が書かれていれば、その商品を購入したということが明確になりますので、経理の管理の効率化にもつながり、税務調査が入ったときでも安心です。

借金の返済の場合に、「元本の返済なのか」「利息の支払いなのか」「何回目の支払いなのか」などを明確に記載しておけば、後々問題になった場合に、重要な証拠になります。このように但書を明確にしておけば、流用されたり悪用される危険もなくなります。

営業に関するものについては印紙を貼付する

金銭または有価証券の領収書は、印紙税法別表第一の第17号文書の「金銭または有価証券の受取書」にあたり、印紙税が課税されます。

印紙税の納付は、作成した文書に印紙を貼り付けることで行います。

印紙を貼らなければならない文書に印紙を貼らなかった場合は、領収書としての効力には影響ありませんが、必要な印紙税額の３倍の過怠税が徴収されます。また、消印（139ページ）をしなくても過怠税が課されますが、この場合は印紙税額と同額が徴収されます。

債権と債務を相殺（相対立する２つの債権があるとき、これらの債権をお互いに対当額で消滅させること、たとえば、AがBに100万円の貸金債権をもち、BがAに100万円の売掛金債権をもっている場合）して領収書を作成した場合、実際には金銭または有価証券の受領事実がないため、印紙税法上の受取書にあたりません。つまり、たとえ領収書という表題であっても、印紙を貼る必要がないということになります。しかし、相殺の事実が文書上明らかにわかるように記載しておかないと、印紙税法上の受取書であるとみなされることになります。
　一部の金額については相殺により消滅させ、残額を金銭で受領する場合には、その区分を明確にしておけば、実際に受領した金額についての印紙税を納めればよいことになります。
　なお、金銭または有価証券の受取書であっても、受取人にとって受け取った金銭などが営業に関しないものであれば非課税になります。

■ 領収書サンプル①（収入印紙の貼付が必要な場合）……………

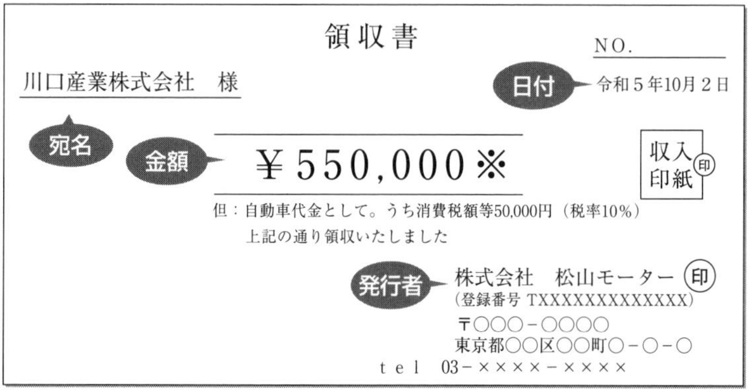
領収書
NO.
川口産業株式会社　様
日付
令和５年10月２日
宛名
金額
¥550,000※
収入印紙
印
但：自動車代金として。うち消費税額等50,000円（税率10%）
上記の通り領収いたしました
発行者
株式会社　松山モーター　印
（登録番号 TXXXXXXXXXXXXX）
〒○○○－○○○○
東京都○○区○○町○－○－○
tel　03－××××－××××

■ 領収書サンプル②（収入印紙の貼付が不要な場合）……………

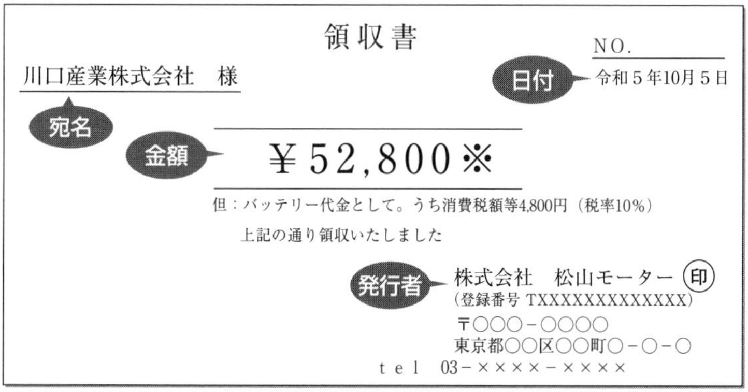
領収書
NO.
川口産業株式会社　様
日付
令和５年10月５日
宛名
金額
¥52,800※
但：バッテリー代金として。うち消費税額等4,800円（税率10%）
上記の通り領収いたしました
発行者
株式会社　松山モーター　印
（登録番号 TXXXXXXXXXXXXX）
〒○○○－○○○○
東京都○○区○○町○－○－○
tel　03－××××－××××

※記載金額は48,000円と扱われるため、金額欄の横に収入印紙を貼付しなくてよい（上図の領収書サンプル①と比較）

つまり印紙を貼り付ける必要はありません。ここで、営業とは、利益を得ることを目的として、同じ行為を繰り返し（反復継続して）行うことをいいます。

領収書と収入印紙

領収書に記載された受取金額が５万円以上の場合には印紙税という税金が課されるため、収入印紙を貼付する必要があります。ただし、印紙税の対象となる金額には消費税は含まれません。そのため、領収書において本体価格消費税額が領収書に記入されている場合には、その消費税額は領収額に含めないことになっています。

たとえば、受領金額が税抜きで48,000円である場合、受領金額として消費税10％の税込金額である「52,800円」とだけ記載すると、印紙の貼付が必要となります。しかし、次のように記載することで印紙を貼る必要はなくなります。

「52,800円 但 うち消費税額等4,800円」

税抜金額が５万円未満となる場合には印紙代の節約になりますので、消費税額を分けて記載するようにしましょう。

インボイス制度における領収書の記載事項

インボイス制度の開始日である令和５年10月１日以降、適格請求書として領収書を発行する場合には、以下の６つの項目を記載する必要があります。

① 適格請求書を発行した事業者の氏名または名称と登録番号
② その取引が行われた日付
③ その取引に関する資産または役務の内容
④ その取引の税抜価額または税込価額を税率ごとに区分して合計した金額と適用税率
⑤ 税率ごとに区分した消費税額等

⑥　適格請求書の交付を受ける事業者の氏名または名称

なお、小売業や飲食店業、タクシー業などの一定の事業者については、簡易インボイス（適格簡易請求書）の発行が認められ、⑥の記載が不要となり、また、適格請求書には適用された税率と消費税額の両方を記載する必要がありますが、適格簡易請求書ではどちらか一方のみの記載で足ります。

領収書の再発行はどんな場合になされるのか

領収書をなくした場合、支払済みの証明が難しくなるため、後日争いの原因になるかもしれません。領収書を不正使用されるおそれもあります。このようなことを避けるために、相手方に領収書の再発行や支払証明書などの発行を請求することになります。しかし、相手方には領収書の再発行に応じる義務はありませんし、再発行でも印紙代がかかりますので、再発行してもらえるかどうかは相手方しだいです。したがって、領収書を再発行してもらいたい時には、相手方に対して誠実にお願いしましょう。収入印紙が必要な場合にはその費用を負担したり、相手方に念書を差し入れるなど、より誠実な対応になります。また、領収書を取得した者に不正利用されるおそれがありますので、会社内でも経理部門に報告するとよいでしょう。

一方、領収書を発行する側にとっては、再発行の義務もありませんし、断ることも１つの手段です。しかし、お客様あっての商売ですので、できる限り再発行に応じる方がよいでしょう。この場合、支払証明書を発行すれば足りますが、領収書を再発行する場合には、領収書に「再発行」という表示をいれ、日付は再発行する日とし、領収書を二重に発行したことにならないようにすべきです。「再発行」と記載しないと、お金を二重に受け取ったと見られることもありますし、経費の水増しなどに利用されるおそれもあります。

6 領収書を受け取る場合に知っておきたいポイント

必要な記載事項に漏れがないかを確認する

どんな注意点があるのか

領収書は、金銭を受け取った証拠として相手に渡すものであり、領収書を受け取る人から見た場合は金銭を支払った証拠となるものです。民法486条には「弁済をする者は、弁済と引換えに、弁済を受領する者に対して受領証書の交付を請求することができる」とあります。領収書は必須のものではありませんが、お金を支払う人から「領収書を発行してほしい」と言われたら、それに応じなければなりません。

お金を支払う側（領収書を受け取る側）からすると、領収書は経費を使って商品などを購入した証拠です。これは税務申告や税務調査のときに経費の資料として必要です。領収書がなかったり領収書の内容に問題があったりする場合は、架空の領収書だと疑われたり、支払ったお金が経費として認められないことがあるので注意が必要です。

実際に領収書を受け取る場合には、ⓐ日付、ⓑ宛名、ⓒ受領権者（発行者）、ⓓ金額、ⓔ但書（その他117ページで記載したインボイス制度に基づく仕入税額控除適用のための記載）が明記されていることを確認してから受け取ることが大切です。もっとも、実務上は、宛名を「上様」にする、宛名・日付・但書を空欄にする、架空のものにするなど、不備や不適切な記入がある領収書が多くやりとりされています。通常の領収書に多少の不備があっても問題となることは少ないのですが、税務調査で指摘されたり、支払の有無についてトラブルとなる場合がありますので、正しく記入された領収書を受け取るようにするべきです。

この他にも、印紙の貼付と消印が必要となる場合もあります（208

ページ)。また、受領権者については、署名・押印などのやり方について注意すべき点がいくつかあります。

署名・記名・押印等の取扱い

領収書の受領権者（発行者）の欄にはお金を受け取った人（法人）の名前が書かれ、通常は押印されています。最も望ましいのは、領収書を発行するときに、発行する人がその場で署名と押印をすることです。

しかし、記名も押印部分もすべて印刷している領収書もあります。実務上、署名・記名・押印の方法はいろいろあります。そこで問題となってくるのが、この部分がどのように書かれているかで領収書の信用力に差がつく場合があるということです。

「署名」(サイン）は「記名＋押印」と同様の意味を持ちます。つまり「署名」があれば押印がなくても領収書は有効ということになります。日本では従来より「押印」が慣習であり、「署名」よりも「記名」(本人の手書き以外の方法で名前を記入）と「押印」が重視されていました。実務上は、領収書にはあらかじめ記名部分が印刷されていて、支払いを受けるときに、押印のみを行って領収書を渡すケースが多く見られます。これは日本では押印が最終意思決定だと考えられていることを示しています。しかし、最近ではデジタル化の推進等により、押印不要な文書も普及し始めています。また、インターネット取引などの場合、昨今では電子媒体による領収書も増えてきています。

振込金受取書と領収書の違い

売上や仕入などの支払いを振込で行うことは、直接現金を扱うよりも防犯の上で安全であり、効率的に事務を行うことができるなどの利便性からもよく利用されています。

振込による決済の場合、金融機関から発行される振込金受取書は、領収書の代わりになるのでしょうか。

振込金受取書は、金融機関が振込金を受領し振込先へ送金したという証明書なので、金銭授受の証拠としては領収書よりも強力だといえます。ただ、振込金受取書は決して領収書と同等のものではありません。発行者が受取人ではなく金融機関になるからです。また、日付、金額、受取人の記載がありますので金銭授受の証拠にはなりますが、何の対価であるかは記載されていません。

これらのことから、振込金受取書自体は領収書の代わりにはなりません。ただし、納品書や請求書、契約書など他の書類とあわせることで、領収書とほぼ同じ効果を持たせることができます。なお、振込の場合であっても、領収書の発行を相手方に求めることができます。

また、振込金受取書は不正利用の危険性があるので、注意が必要です。たとえば、従業員が架空の請求書を作って自分で作った口座へ振り込み、それを後で経理に請求するなどという不正があったとしても、直ちに見抜くことは難しいかもしれません。

■ 領収書を受け取る場合に必ず確認する事項

日付	令和5年10月2日
宛名	川口産業株式会社
受領権者（発行者）	株式会社松山モーター
金額	￥550,000※
但書	但：自動車代金として

※課税事業者の場合は、令和5年10月1日以降のインボイス制度導入後では、この他に税率ごとに合計した消費税額、適用税率や領収書発行者の登録番号も確認が必要

7 こんな領収書を受け取ったときはどうする

有効な領収書をもらう

受領権限のない者の発行した領収書の効力

受領権限のない者への弁済は、弁済した者が善意かつ無過失でない限り無効となりますので、受領者が誰なのか、その者に受領権限があるかということは重要な意味を持ちます。このことから、受領権限のある者が発行した領収書を受け取るようにするべきです。

会社法14条１項は「事業に関するある種類又は特定の事項の委任を受けた使用人は、当該事項に関する一切の裁判外の行為をする権限を有する」と規定しています。たとえば、部長や課長は担当部署の事業に関して通常は代理権が与えられていますので、その事業に関して受領権限を持っています。このように代理権を与えられた社員には受領権限がありますので、領収書を受け取っても問題ありません。

しかし、肩書きどおりの権限を与えられていない者もいますので、後に受領権限について争いが起きるおそれがあります。特に高額な場合には、代表取締役の委任状を要求するなど慎重に対応するべきです。

また、支社・支店・営業所などの領収書は、受領者やその受領権限について明確ではありませんので、このような領収書を受け取る場合には注意しましょう。

債務は債権者に対して直接弁済し、引き換えに領収書をもらうことが基本です。仲介業者や代理人などへ支払うときは、委任状などで受領権限の有無を確認し、過失のないようにすべきです。

領収書には押印があった方がよい

発行者の欄が署名だけの領収書は、できれば受け取ることを避けて、押印してもらうようにしましょう。

署名だけの領収書は、領収書としては問題ありません。筆跡により本人を特定することができるため、本人が作成したことを証明することはできます。しかし、最終的な意思表示がなかったのではないかと、後で争いになるおそれがあります。日本の商慣習では、依然、押印をすることが最終的な意思表示であるとされている場合があるためです。

高額だったり重要な取引などの場合は、発行者の押印（法人の場合は代表者印）がされた領収書を求めるようにしましょう。

また、領収書の発行者が個人の場合、個人を特定できるのであればペンネームや芸名などを使用することができます。たとえば公演料を作家に支払う場合など、そのペンネーム名義の領収書を受け取る場合です。しかし、複数のペンネームを持っている場合や、後で変更されるかもしれない場合、特定が困難になることがあります。また、押印の問題もあります。したがって、但書に本名が特定できるような記載をしてもらい、個人の特定ができる領収書を受け取るようにしましょう。たとえば「芸名○○こと、本名△△」などです。

社名に変更があった場合

契約後に相手方の商号（会社名）に変更があった場合、契約書と領収書の商号が違ってしまいます。この場合の領収書の名義はどうすればよいでしょうか。新商号で発行された領収書の場合、会社の登記事項証明書を見れば同じ法人であることは簡単にわかりますので、問題ありません。ただ、念を押して、旧商号も併記してもらうとよいでしょう。また、領収書には確定申告の証拠書類としてのはたらきもあります。税務調査で、商号が違うためにチェックが入ることもあります。旧商号も併記されていれば、手間も省けますし、無用の疑いを持たれなくてすみます。

領収書の訂正

領収書は訂正することができます。記載事項を訂正する場合は、元の記載が読めるように訂正箇所に２本線を引き、正しい記載をして発行者の訂正印をします。一方、手持ちの領収書を発行者の代理人や使用人が訂正することになった場合は、その者に訂正権限があるかどうかを確認する必要があります。具体的には、代表取締役の委任状などを提示してもらうとよいでしょう。

実際には代理権がないものの、代理権があると信じても仕方がない事情が相手方にある場合には、本人（領収書の発行者）に責任を負わせる（代理権のない者がした領収書訂正の効果を本人に帰属させる）とした表見代理という制度があります。民法は以下の３つの表見代理を認めており、一定の条件で本人が責任を負います。ただ、一定の条件を立証して表見代理を成立させるのは困難ですので、領収書の訂正をしてもらうよりは、改めて正しい事項を記載した領収書を発行してもらう方がよいでしょう。

・**代理権授与の表示による表見代理**

代理権のない者に代理権を与えたかのような表示を与えた場合。

・**権限外の行為の表見代理**

代理人が与えられた権限外の行為をした場合。

・**代理権消滅後の表見代理**

代理人の代理権がなくなった後に代理人が代理行為を行った場合。

レシートも領収書の代用になる

手書きのものを領収書、レジなどで印字されたものをレシートと呼ぶのが一般的のようです。領収書はお金を受け取ったことを証明する書類ですので、レシートも領収書の一種といえます。普段の日常生活ではレシートが領収書の代用として利用されています。また、領収書は税務申告に絶対に必要なものではありません。たとえば、領収書の出ない交通費や結婚式の祝儀などは、社内の支払記録や招待状に祝儀の金額を記入したものでも大丈夫です。支払金額が証明できればよいのです。つまり、レシートでも十分領収書の代用となります。

何を買ったのか明細が記されたレシートの方がわかりやすく、お金の使い道が明確になるので、望ましいという考えもあります。不自然な領収書だと税務調査で疑われて、購入品や目的を細かくチェックされることもあるためです。ただし、レシートは領収書とは異なり宛名が書かれていないため、その購入のために支払ったことを現金出納帳などにも明示しておく必要があります。

■ 領収書の訂正例

領収書

NO.

川口産業株式会社　様

令和５年10月２日

￥550,000※

㊞ ~~￥250,000※~~

収入印紙 ㊞

但：自動車代金として。うち消費税額等50,000円（税率10%）

上記の通り領収いたしました

株式会社　松山モーター ㊞

（登録番号 TXXXXXXXXXXXXX）

〒○○○－○○○○

東京都○○区○○町○－○－○

tel　03－××××－××××

Q 1人分の食事のレシートは領収書でなくても経費として落とせるのでしょうか。喫茶店で仕事をした場合やもらった領収書の金額が白地の領収書に問題はないのでしょうか。

A 本文でもとりあげましたが、一般的に手書きのものを領収書、レジなどで印字されたものをレシートと呼んでいるようです。領収書はお金を受け取ったことを証明できる書類ですので、レシートも領収書の一種です。実際、普段の日常生活では、レシートが領収書の代わりに利用されています。領収書でなければ経費として認めてもらえない（レシートは使えない）と認識している事業主の人もよくいますが、これは間違いです。レシートも領収書も支出した日や支出先、金額が記載されている点で共通です。そして領収書には宛名書きの欄に支払者の名前が記載されますが、レシートにはそのような記載はありません。この点では領収書の方が支出の証明書としては、よりよいのかもしれません。なお、多くのレシートには宛名などの事項が記載されていませんが、これらの記載事項をすべて満たしていればレシートでも問題ありません。ただし、印紙が必要になるような金額の場合や、長期間保存しておくとレシートの印字が見えなくなるような場合には、領収書を発行してもらった方がよいでしょう。

●実際に仕事をしたものは経費として落とすことができる

打ち合わせなどで飲食店を利用した場合は、「会議費」など経費に落とすことができます。しかし、単に昼食や夕食を取る目的で利用した飲食店の支出は、仕事とは関係なく発生するものであるため、通常は経費にはなりません。一人分の食事代のレシートの場合、仕事のためであるかどうか、客観的に証明することが難しいということが注意すべき点です。ただ、実際に仕事をしていたのであれば、経費として落とすことができます。税務調査対策として、たとえば「××会社の○○氏と打ち合わせ」など、レシートと一緒に内容を残しておくとよいでしょう。同日付の打ち合わせ議事録なども証明手段になります。

では、飲食店において一人で仕事をしていた場合はどうでしょうか。実際に仕事をしていたのであれば、注文したコーヒーや軽食の代金も経費にすることができます。また、たとえば複数の得意先と約束がある場合、次の訪問までに空き時間が発生することがあります。遠方であればいったん事務所へ戻るというのは不自然です。そのようなケースでは、空き時間に入った喫茶店の飲み物代なども、経費で落とすことができます。ただし、出張による宿泊先での食事代を、経費で落とすことはできません。朝食込みの料金である場合には、そのまま宿泊費として落とすことができます。

●金額白地の領収書の効力は

たとえば、喫茶店で領収書を発行してもらう際に、領収金額の記入し忘れを見逃してしまうことも、全くないとは限りません。こちらも気を付けておくのが第一ですが、一緒にいる取引先を待たすわけにもいかず、急いでいたために見落とすこともあるでしょう。しかし、受領した領収書に金額を記入すること、特に実際の支払額と相違する金額を記入することは、刑法上の私文書偽造罪（私文書に不正に手を加える犯罪）に該当します。なじみの店などで、金額欄が空欄の領収書を発行してくる、もしくは発行してもらうケースがあっても、これは悪意（犯罪の意思）があるとみなされ、領収書の発行側も受領側も刑罰を科される可能性があります。

受領した領収書に金額が記入されていない場合は、自分で記入せず、空欄のまま保管し、実際の支払額どおりに伝票を起票し、経理処理をしましょう。税務調査で調査官が目を付けたとしても、正しい金額で帳簿処理していれば何も問題ありません。領収書の受領時に金額が空欄であった旨を伝えてください。税務署は納得できなければ反面調査として領収書の発行側を調査し、売上処理もチェックするでしょう。そうすればあなたが正しい処理をした裏付けもとれるのです。

Q **少額の交通費など、領収書がなくても経費にできる場合があるのでしょうか。経費として認められる場合について教えてください。**

A 支出を証明する証拠資料が領収書です。そのため、いかに事業に関係した支出であっても、領収書等がない支出は証明できない支出ということになってしまい、経費として認められないのが原則です。しかし、領収書が出ない支出が存在することも事実です。たとえば取引先での慶事やご不幸があった場合の祝儀や不祝儀は、領収書を切ってもらうことなどありません。

また、少額の交通費は領収書が出ない、もしくは領収書をもらうのが非常に煩雑です。電車などの公共交通機関を利用して取引先との打合せに向かうといった場合に、切符を購入しても領収書は基本的に発行されませんし、最近は電子マネーを利用してスムーズに乗降するケースも多いようです。そのような場合にいちいち駅の窓口で領収書を発行してもらうことは現実的ではありません。

このような場合の支出を一切、経費として認めないというのは、事業と関係のある支出を経費として認めることと相反します。そもそも領収書とは支出の証明書のひとつに過ぎず、支出の証明（支払った金額の証明）ができれば領収書の形でなくてもよいのです。

実際、領収書は税務申告に絶対に必要なものではありません。レシートでも十分領収書の代用となります。むしろ領収書では、但書の部分に「品代」などと記載してあるだけで、その購入内容まではわからない場合がほとんどです。その点レシートであれば、飲食した内容や人数、物品の購入であれば購入した明細がわかります。支出の内容を証明する上ではレシートは優れているのです。税法上も「レシートは認めない」など、領収書でなければいけないなどの決まりはありません。不自然な領収書だと税務調査で疑われて、購入品や目的を細かくチェックされることもあります。

また、領収書の出ない交通費や結婚式の祝儀などは、社内の支払記録や、招待状などに祝儀の金額を記入したものでも大丈夫です。祝儀や不祝儀の場合、それらの案内通知書のコピーを支出の根拠となる証明書として代用できます。案内通知書には実際に包んだ金額は当然記載されませんが、常識的に考えて妥当な範囲での支出であれば問題ありません。公共交通機関を利用した際の支出であれば、経路や移動の目的などを記載したフォームを自分で作成し、それを継続して運用していれば、そのフォーム自体が支出を証明する資料として代用できます。このようなフォームを使用して支出を証明するときは、日付、利用した交通機関、移動区間、移動目的（取引内容）、金額を明記し、事業に関連した支出であることを明らかにします。

なお、飛行機やタクシーを利用して移動する際は、支出額も高額になりますので領収書をもらうようにしましょう。

●支出の証明は情報量が重要

現在では、インターネットで注文から支払いまで終わらせる買い物も一般的です。インターネットを通じた売買では、購入の際に領収書の発行を要求しないと、購入品到着時に納品書はあっても領収書は発行されないのが通常です。この場合、わざわざ購入先から領収書を発行してもらわなくても、納品書とあわせ、注文した詳細がわかる画面を印刷したものと、インターネットバンキングで振込が完結した画面を印刷したものがあれば、支出を証明するものとして有効です。決済が振込ではなくクレジットカード払いの場合でも、カード決済された画面を印刷したものやカード会社からの利用明細をもって支出の証明とすることもできます。

重要なのは証明の様式ではなく、支出した証拠となる資料が、支払った相手方や第三者によって作成されているなど客観性があり、その支出に関する情報が充分に存在することなのです。

8 仮領収書について知っておこう

仮領収書でも印紙が必要になる

仮領収書とはどのようなはたらきをするのか

仮領収書とは、正式な領収書を発行することができない場合、もしくは支払われた金額が全額の一部であった場合などに、仮に領収したことを証明するものです。支払われた金額が全額の一部であった場合は、後に残額が支払われれば正式な領収書を発行するということを前提にしています。領収書は、その形式については特に定めがないため、名刺の裏に「仮領収書」という表題を付けて金額を受領した事実を記載しても、正式な領収書として成立します。つまり、受領の事実を証明する目的で作成されるので、仮領収書と領収書には効力の違いはないことになります。ただし、金額の一部払いについて仮領収書を発行した場合には、残額の支払いについて問題がでてきます。

仮領収書も正式な領収書もその効力には違いはありません。しかし、もし仮領収書を受け取ることになった場合には、後になって受領についての争いやトラブルに発展することを避けるため、できるだけ早く正式な領収書の発行を受ける必要があります。税務調査対策としても仮領収書の多用は好ましくありません。したがって、できるだけ仮領収書は避け、正式な領収書を受け取った方がよいでしょう。

なお、仮領収書であっても、領収書としての効力は正式な領収書と同じなので、支払った金額に応じて印紙を貼る必要があります。

預り書（預り証）とは

「仮領収書」は一部であっても確実に代金を支払ったことを証明するものです。これに対し「預り書（預り証）」は、後に返還が予定されている金銭（預かり金）を受領したことを証明するものです。つまり、一時的・条件つきでお金を受け取ったことを証明する書面です。「相手方との契約が成立する見込みの時にその手付金が支払われた」場合には、仮領収書ではなく預り書を交付します。契約が後日予定どおり締結された場合には、売主が「領収書」を相手方に交付し、先に交付した預り書を返還してもらいます。契約が成立しなければ、相手に渡した預り書と引き換えに預かっていた手付金を返還します。

預り書は、預かった物あるいは目的によって、印紙税の取扱が異なってきます。敷金や取引保証金などを預かった場合には、売上代金以外の「金銭または有価証券の受取書」（印紙税法別表第一第17号文書）とされ、記載金額が５万円以上のものは１通につき200円の印紙を貼付することになっています。また、寄託契約に基づき受領した場合には、「金銭又は有価証券の寄託に関する契約書」（印紙税法別表第一第14号文書）とされ、１通または１冊につき200円となります。預り書は、どの文書にあたるかの判断が難しいので、預り書に印紙を貼るときには、専門家や税務署に相談するとよいでしょう。

■ 仮領収書の記載例

仮領収書

NO.

川口産業株式会社　様

令和５年10月２日

¥220,000※

収入印紙 ㊞

但：自動車代金1,100,000円（うち消費税額等100,000円。税率10%）の一部（うち消費税額等20,000円。税率10%）として

上記の通り領収いたしました

株式会社　松山モーター ㊞
（登録番号 TXXXXXXXXXXXXX）
〒○○○－○○○○
東京都○○区○○町○－○－○
tel　03－××××－××××

9 領収書の保存について知っておこう

トラブル予防のために領収書はなくしてはいけない

領収書はどのように保存するのか

領収書を保存しておくのにはいくつかの理由があります。まず、税金の申告書類、税務調査の際に実際に支払いが行われたことを示す証拠書類として必要になります。また、二重支払いを防止する効果もあります。さらに、支払いの対象となった購入物などが明らかになるため、権利関係を証明するのにも役立ちます。

領収書の保存方法としては、科目別（交際費、交通費、消耗品費などの別）に保存したり、月ごとに保存することが考えられます。いずれの場合でも、ノートなどに貼付し、整理しておく必要があります（コピーをし損じた紙の裏側などを利用して貼付しておくと、その分節約にもなります）。領収書は日付順に貼付し、台紙の余白などに「各領収書の提出者（氏名など）」「各領収書についての詳細」「科目の別（科目別に貼付しない場合）」などを記載しておきます。領収書を貼付した台紙は、１枚ずつコピーをとり、後で別の領収書を貼付するなどの改ざんができないようにしておきます。

もし、各領収書に該当する請求書がある場合には、これも一緒に貼付しておくと詳細がわかり、領収書の内容が明確になります。

また、感熱紙などに印刷された領収書は、印字された文字が消えやすい特徴があります。印字の消失を防ぐために、感熱紙の領収書は二つ折り（印字部分を重ね合わせる）にして印字部分を保護しておく必要があります。まとめたノートや台紙には担当者の確認印を押印し、最低１人に閲覧を求め、その人の閲覧印を押すなどしておけば確実です。領収書を貼付したノートは、量が多い場合には段ボール箱などに一括保管し、箱には領収書であることの記載と、年度を記しておくと一目でわかります。ただし、102 ～ 106ページで説明した電子帳簿保存法に基づき、一定の管理の下で領収書をスキャナーなどでとって電子ファイルとして保存することも可能です。

整理や保存をきちんとしないといけないのはなぜか

領収書の整理や保存の方法は、実は具体的に定められているわけではありません。保管していればどのような形態でもよいのです。税務申告のための税金計算を行う前であれば、経費のみをある程度分類した状態で保存しておくのが望ましいといえます。

保存の方法についてですが、領収書を台紙に貼り付ける場合は、申告の計算を終えてから作成するべきです。台紙に貼り付けた状態では、集計に手間がかかってしまうからです。さらに、きれいに並べて体裁を整える必要も特にありません。なぜなら、申告の計算を終えた後は、もうその領収書を使うことはないからです。次に必要となるのは、税務調査が入ったときということになります。ですから、袋や箱などにまとめて保管しておいて、領収書の閲覧を求められた場合には速やかに提供できるようにしておけば十分というわけです。

領収書の保存期限は、白色申告の場合５年です。青色申告の場合はもう少し長く、７年になります。年度ごとに箱や袋にまとめておき、表面に年度などを記入しておくと、期間が過ぎたものが判別できるので整理もしやすくなるといえます。

■ 領収書保存の目的

10 領収書と税務調査の関係について知っておこう

税務調査に備えて領収書などは必ず控えておく

書き損じた領収書を捨ててはいけない

税務調査とは、毎年度末の申告が適正であるかどうかを確認するために行われる調査です。税務署員の質問などに対して回答を拒否したり（不答弁）、帳簿や領収書、請求書、納品書などの証憑書類を見せることを拒否する（検査拒否）と、罰則が科せられる可能性もあります。

そのため、税務調査に備えるという意味でも、領収書の発行や受け取った領収書の管理が大切です。税務調査の対象になった場合、すぐに見せることができるように帳簿や書類などを準備しておく必要があるでしょう。

収入を得た場合には、領収書の発行が必要です。領収書は紙面で発行する場合には通常２枚複写で連番が入ったものを使用します。市販の領収書よりも、できれば自社で作った領収書を使用することが望ましいといえます。領収書は必ず控えを残し、どこに領収書が渡ったのかを把握しておく必要があります。

また、その取引の詳細内容や金額の詳細などについて明確に残し、帳簿上での管理も徹底する必要があります。領収書を書き損じた場合であっても、これを捨ててはいけません。領収書に連番が振られているのはこのためで、番号が飛んでいる部分があれば、実際に収入があったにもかかわらずこれを計上しなかったとみなされる可能性があります。書き損じた領収書は捨てずに控えなどと共に保管しておき、不正な処理がなされたわけではないことを明確にしておく必要があります。

この他、領収書を受け取っている側に税務調査が入った場合、「反面調査」といって領収書を発行した側にも調査が入ることがあります。

反面調査とは、税務調査に入った先の企業や会社などと取引関係にある企業などにも調査が及ぶことです。相互間で正しい取引が行われているのかどうかを双方の経理管理の面から調査し、不正がないかを明確にします。

領収書控えの保管と明確な帳簿の整理を常日頃から心がけておかないと、反面調査から自社全体の税務調査に広がることも考えられます。領収書の取扱と管理には十分に注意しなければなりません。

領収書がない場合の証拠の作り方

通常では領収書を発行しなければならないような取引であっても、場合によっては領収書が発行されないこともあります。たとえば、先方からの支払いが現金ではなく銀行振込などであった場合です。この場合は通帳の記載自体が領収書になります。売上げなどの管理には、そこに記載される明細としての「証拠」が必要です。証拠は領収書であったり銀行通帳だったりします。何らかの売上げが生じた際に領収書が発行されないような銀行振込でのやりとりの場合には、銀行通帳の明細を保管しておく必要があります。可能であれば銀行通帳のコピーをとり、売上げについての詳細などを書き添えて保存しておくとよいでしょう。

領収書がもらえない場合

こちらが支払った必要経費を計上する場合に、その経費の内容などによって領収書をもらえないことがあります。まず電車代やバス代など、領収書の出ない交通費があります。この場合には、出金伝票や交通費精算書などを作成する必要があります。

次に交際費があります。交際費の概念は広く、接待費や冠婚葬祭に関わる費用などです。接待費の場合は、接待を行う側が通常すべてを負担するため支払先から領収書をもらうことができますが、困るのは取引先などと飲食をし、代金を折半で支払いをしたときなどです。このような場合、支払金額の半分を領収書にしてもらうことは申し出にくいものなので、出金伝票にその接待の内容の詳細を書くことで経費として計上することができます。出金伝票には、金額、日付、場所、相手などを記載します。他に交際費として冠婚葬祭に関わる費用があります。冠婚葬祭などに関わる費用には領収書は発行されません。このような場合には、結婚式の招待状や相手方から送られてくるお礼状など、出費に関わった出来事の証明となるものが代替となります。

これらのものに、出費の内容や金額など、メモ程度のものでも添えておくと、より明確な記録として残すことができます。

■ 領収書がない場合の代用方法

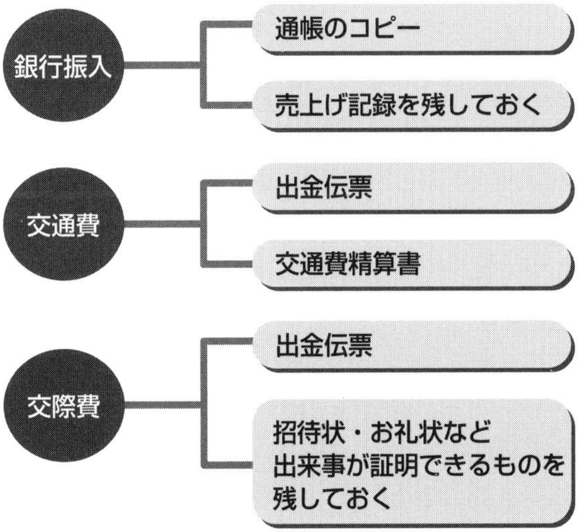

Column

契約が終了しても義務が残る場合がある

契約がいったん終了した後も、特定の債務が残るケースがあります。トラブル防止のため可能な限り契約書に明記しましょう。

① 部品の供給義務

購入したパソコンを数年使用するうちに、故障して新たな部品を必要とする場合があります。多くの場合、「パソコンのメーカーが製品販売後から○年間は、その製品の部品を生産し続ける」という内容は明記されていません。それにもかかわらず、信義則上メーカーは製品を修理するための部品を一定期間生産しなければなりません。これが「部品の供給義務」です。

② 秘密保持義務

ある企業の社員が転職や退職をした場合、在職中に得た企業の情報や秘密事項などを第三者に漏らしてはいけないことになっています。この場合、企業との雇用関係はすでに終了していますが、契約は生きているのです。

③ 原状回復義務

たとえば、マンションの賃貸借契約などで、居住中に行った変更（畳敷きをフローリングに変えるなど）や損傷（壁紙を著しく破損した場合など）について、賃借人は、これらを原状（契約を交わした時の状態）に戻して賃貸人に返却しなければなりません。

④ 競業避止義務

ある企業を退職した後、その業務と競合関係にある企業に直ちに就職できないように定めることです。株式会社の取締役や執行役、持分会社（合名会社、合資会社、合同会社）の業務執行社員は、競業避止義務を負います。また、営業所の主任者として選任されている支配人（マネージャーなど）や、代理店・特約店とも呼ばれる商法上の代理商も、競業避止義務を負います。

第6章

売掛金と債権管理の知識

1 売掛金の管理について知っておこう

売上債権が現金化されるまでしっかりフォローする

補助簿を作成して管理する

商取引の流れを大まかに述べると「注文→商品の受渡し→商品代金の回収」です。商品と引き換えにその場で現金を支払うケースは少なく、一般的には先に商品を引き渡してから後日商品代金を回収する方法をとります。

このように、後から支払いを受ける形態の取引を「信用取引」といいます。前述した手形も信用取引のひとつです。

信用取引の場合、商品を引き渡してから代金を回収するまでの間に一定の期間があります。一定期間内のまだ回収していない代金のことを、会計上では「売掛金」といい、反対に商品を仕入れた場合の未払いの商品代金を「買掛金」といいます。

信用取引は、商品等を引き渡して終わりというわけではありません。得意先から売掛金を回収した時点で、販売行為が終了することになります。しかし、相手方から必ず入金されるとは限りません。売掛金を残したまま相手先が倒産して支払いが行われず、会社が損害を被ってしまうなどのリスクも存在します。

会社経営において、いかに売上を伸ばすかと共に、このようなリスクをいかに減らして確実に代金を回収するかについて対策を立てることも重要な仕事です。そのためには、「売上帳」「売掛金元帳」という補助簿を作成し、「いつ」「どこに」「いくら売り上げて」「いつ入金されたのか」について、情報の記録・整理をする必要があります。

これらの補助簿を管理することで、得意先の売上傾向や入金の状況などを分析することができます。

確認作業をどのように行うのか

売掛金の回収状況は、「売掛金台帳」を活用し、次のような方法で確認します。

売掛金台帳には「日付」「(販売した）得意先名」「金額」が記載されています。得意先から入金があった場合は売掛金台帳との照合を行い、どの売掛金に相当するかを判断します。1回の取引ごとに入金される場合もあれば、複数の売掛金がまとめて入金される場合もあり、時には入金した額と台帳の売掛金の額をパズルのように組み合わせて判断せざるを得ない場合もあります。取引規模が大きい会社であればこの作業は非常に煩雑になるため、一取引ごとに注文番号・請求番号など記号や番号を付けて、入金済の記号や番号を消し込んでいくという管理方法が一般的です。入金額と売掛金の内訳が一致しないときは、相手先に入金の内訳を聞くことも一つの方法です。

入金済の売掛金は帳簿や貸借対照表上の資産残高から控除され、代わりに入金分の現金・預金や受取手形が増加します。その上で売掛金残高として残ったものが、未入金の売掛金です。

次に、残った売掛金の中に請求時の入金予定期日より遅れているも

■ 売掛金台帳の活用による売掛金の回収状況の確認 ……………

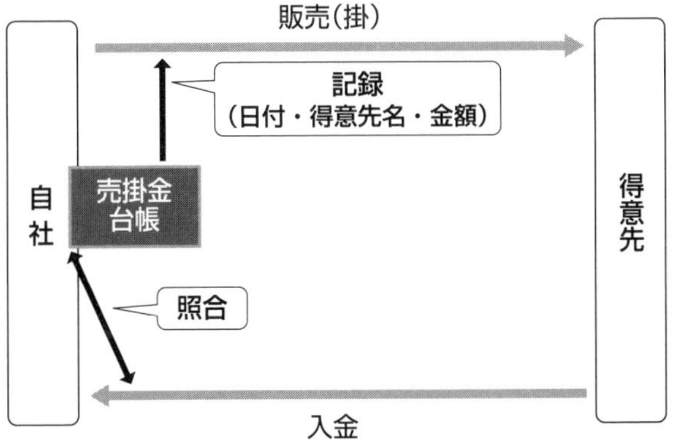

のがないかをチェックします。入金が遅れているものについては、たとえば、「担当する営業部門を通して理由を確認する」「相手先に督促する」など、社内で対処方法を取り決めた上でそれに従って対応します。なお、これらの作業は、定期的に行うことが必要です。

信用管理を徹底させる

売掛金の回収遅延などに対処するため、補助簿を作成して管理することの重要性については前述しました。しかし、それだけではまだ十分な対策を取ったとはいえません。

リスクを極力減らすため、会社としてやるべき作業は取引を開始する前にあります。まず、取引の相手先がどのような会社なのかを調査します。その会社の規模・支払能力・過去の経営成績などを分析して「どの程度の取引までなら大丈夫か」といった与信限度を設け、無謀な取引を回避します。この一連の流れを「信用管理」といいます。

社内チェック体制の整備

信用管理には、社内のチェック体制づくりが大切です。まずは、社内に、独立した信用管理を担当する部門を新たに設けます。調査部・総務部・経理部など、新部門の所属は問いませんが、営業部とは独立し、牽制し合うような存在であるのが望ましいといえます。なぜなら、営業部は必然的に業績重視の方針を取り、多少の問題は目をつぶってでも取引を続行させる傾向があるためです。これでは、チェック体制が機能しません。

部門を設けた後に与信限度の設定を行います。具体的には、取引先の状況を把握するため、決算書など財務内容を判断できる情報を定期的に入手します。調査部などの独自の調査機関を設けて情報収集することが難しい場合は、コストはかかりますが、調査会社を利用するという方法もあります。

そして、情報を得た後で内容を分析し、取引先ごとに取引限度額を設定します。限度額を設定した後に、常時限度額をオーバーしていないかをチェックします。

最後に、与信不安先の対応策をとります。赤字決算・債務超過など判断材料はさまざまですが、これらの与信不安先をふるいにかけるための社内のルールを設けることが必要です。

なお、チェック体制を機能させるためには、調査した取引先の内容に不安な兆候があると判断した場合に、社内全体で情報の共有ができるようにしておくことが非常に重要です。常に取引先と接触している営業部門などは、状況を判断する上で早期に多くの情報を得ることが可能なはずです。そして、与信不安先と判断した場合は、限度額を下げるか回収期限を短縮するなどできるだけ会社のリスクが小さくなるようにします。担保を設定しておくことなどもひとつの手段です。さらに、実際に取引先が倒産したような場合の回収対応策も準備しておきましょう。

健全な会社との取引を増やしていくことで、運転資金が潤い、会社の財政状態もよくなります。信用管理を徹底させることは地道な作業ではありますが、会社の発展のための第一歩だといえます。

手形の割引について

売掛金の代金として手形を受け取った場合、期日が到来するまでは資金化されません。期日前に資金が必要な場合、受取手形を銀行に持ち込むとお金を受け取ることができます。これを手形の割引といいます。

手形を割り引いた場合、銀行に持ち込んだ日から手形の期日までの期間に相当する金利が手形の額面から割り引かれた上で入金されます。つまり、手形を担保に銀行から融資を受けることと同じです。

手形の割引が銀行融資であれば、返済義務が生じます。割り引いた手形の期日が到来し、無事決済されれば返済は完了です。しかし、手形の振出人が倒産したため決済が行われなくなった場合などは、自社が手形の額面分の金額を負担し、銀行に返済しなければなりません。

このように、不測の出来事があった場合に当社の債務となる可能性があるもののことを「偶発債務」といいます。偶発債務は会社の財政状態を知りたい利害関係者や株主等に対して大切な情報となるので、貸借対照表上の注記事項に「受取手形割引高」として割り引いた手形の金額を記載します。

不渡りについて

得意先から小切手や手形で受け取った場合は、小切手の振出日もしくは手形の満期に銀行に持ち込み、資金化します。逆に、手形や小切手を振り出した側は、当座預金に決済のための資金を準備しなければなりません。

振出人の預金残高が不足し、手形や小切手が資金化できないことを不渡りといいます。すでに割り引いた手形が不渡りになった場合は、前述したように額面金額を銀行に返済しなければなりません。また、不渡りを6か月以内に2回起こすと銀行取引停止処分になるため、その会社は事実上の倒産状態に陥ります。このような状態の会社からお金を回収することは非常に困難であるため、得意先の手形が不渡りになったという情報を得た場合には、早急に対策を検討する必要があります。

このように、売掛金の代金として小切手や手形を受け取り、領収書を発行した後も、期日が到来するまでの間はさまざまなリスクが存在します。

なお、得意先が自ら保有している手形に裏書してから交付することで、支払いが行われる場合があります。ここで受け取った手形を「裏書手形」といいます。裏書手形の振出人が不渡りになった場合は、裏書人である得意先に手形の支払いを請求することができます。

Q 手形はどのように管理すればよいのでしょうか。

A 約束手形の振出しから支払までの流れは、以下の①～⑦のようになります。ここではＡ社とＢ社の商取引が行われたとします（Ａ社の取引銀行がＣ銀行、Ｂ社の取引銀行がＤ銀行とします）。

①　Ａ社がＢ社の商品を購入する。

②　Ａ社からＢ社に対し、手形を振り出す。

③　Ｂ社はＤ銀行に取立てを依頼する。

④　Ｄ銀行は手形交換所を経由してＣ銀行に対し取立てを行う。

⑤　Ａ社はＣ銀行に手形金額を預け入れる。

⑥　Ｃ銀行からＤ銀行に支払いがなされる。

⑦　Ｂ社に手形金の支払いがなされる。

振出人が統一手形用紙に署名して受取人に交付することを手形の振出しといいます。手形の振出しについては「手形用法」という一定の注意事項に沿って振り出さなければなりません。これにより、振出人は記載された満期日に手形金を支払う義務を負い、受取人は満期日に手形金を受け取る権利を得ることになります。

振り出された手形の扱いは大きく２つに分かれます。一定の支払日（満期日）まで待って支払いに代えられる場合と、満期前に他人に譲渡される場合があります。満期日を待って支払いがなされた場合には、そこで手形としての役目が終了します。

●支払手形の管理の仕方

約束手形については、売買代金の支払いを約束する手形を支払手形と呼び、手形を受け取った後は、その手形を受取手形といいます。手形振出に際しては、法律で定められた必要事項を記載します。また、金額欄や支払期日に空白がないか確認します。空白で振り出した場合、受け取った人が記入すると、法的には有効な手形となってしまいます。

その上で、支払手形の内容や処理結果などを記載する「支払手形記入帳」に必要事項を記入します。支払手形を振り出した後は、支払日までに必ず当座預金に必要金額を入れておき、引落しに備えます。

●受取手形の管理の仕方

手形金額の支払いは、満期日に手形が振出人に呈示されることで行われますが、このとき手形の所持人が実際に振出人に手形を呈示するのは自らの取引銀行です。本来、手形所持人が手形を持参して支払銀行に直接出向けばよいのですが、実際には支払銀行が遠隔地にあることも多く、銀行に取立てを依頼する形をとります。

●売掛金・未収金の手形化

売掛金や未収金を手形で受け取ることは、債権を管理し、回収する上では便利な面があります。具体的には、以下の４点が挙げられます。

① **支払いの確実性が増す**

手形を決済できないと不渡りとなり、２回続くと、銀行取引が停止されます。事実上の倒産です。このような状況にならないために債務者は支払おうと努力することになります。

② **取立が簡単な手続ですむ**

手形であれば、債権回収は取引銀行に取立を依頼するだけでよいので、取立の手続きが簡単です。

③ **訴訟手続も簡単にできる**

手形が不渡りになり、訴訟になった場合も手形訴訟という簡単な手続きで解決できます。早ければ提訴から３か月程度で判決を得ることもできます。

④ **簡単に譲渡できる**

手形は、裏書することで他人に譲渡できます。また、支払期日前であっても、金融機関に割引を頼めば、現金化できます。ただし、譲渡や割引後に手形が不渡りになった場合は、譲渡人がすべて買い取らなければならないという点に注意が必要です。

Q 小切手の振出しから支払いまでの流れについて教えてください。

A 小切手を振り出そうとする場合は、まず銀行などの金融機関と当座勘定取引契約を結び、当座預金口座を開くことになります。

ここでは、銀行による信用調査が行われます。問題がなければ、資金の預入れと支払いの委託に関する契約が結ばれることになります。そして、統一小切手用紙の綴られた小切手帳が交付されますが、このときに、小切手に使う印鑑を届け出なければなりません。その後、小切手帳を受け取ることになります。小切手を振り出して受取人に渡すときは、小切手用紙の金額欄と振出日欄に、それぞれ支払う金額と振出日を記入し、振出人欄に署名します。

小切手を受け取った受取人は、銀行に小切手を呈示します。一般によくとられる方法は、受取人が自分の取引銀行に持ち込んで取立てを依頼する方法です。取引銀行は、手形交換所を通して支払銀行から取り立て、その後、支払銀行から取引銀行へ小切手に記載されている金額が支払われます。

●振り出すときに残高を確認する

統一小切手用紙に必要な事項を記入すれば小切手を振り出すことは可能です。しかし、そのためには振出人の支払銀行の当座預金口座に小切手の支払金額に相当する資金が残っていなければなりません。そこで、小切手を振り出す際には、振出人の当座預金口座の残高を確認する必要が出てきます。もし、当座預金の残高が小切手に書かれている支払金額よりも少ない場合、後になると面倒なことが多く、不都合も生じてしまいます。最悪の場合、銀行による不渡処分を受けて取引停止になることもあるため、日頃から振り出すごとに必要事項を台帳に控えておくようにしなければなりません。

手形の場合であれば支払期日の満期日までに資金を用意すればよい

のですが、小切手は原則として振り出すときに支払銀行の当座預金口座に小切手の支払金額以上の資金が残っていなければならないとされているのです。

口座に残っている資金以上の金額を記入し、振り出したその日に受取人が小切手を銀行に呈示した場合には、銀行から資金が不足していることに対しての連絡が入ります。この時点で資金を入れないと、最終的には不渡りとなって銀行取引停止の処分が下ることもあります。

また、何枚も小切手を振り出してしまったり、他で振り出したことを忘れて新たに振り出してしまうなど、ミスによって当座預金口座の残高が不足してしまうことはありがちです。日頃振り出すごとに必要事項を台帳に控えておくのと同時に、こうしたときのために、当座借越契約というものが用意されています。当座預金は、預金者が引出しや解約を依頼した場合にすぐに対応してもらえる形態の預金で、利息はつきません。もし、当座預金を開設している銀行が破たんをしても全額保護をしてもらえる決済用預金になります。当座借越契約をしておくことで、小切手や約束手形の決済時に残高が不足していても限度額の範囲内で自動融資をしてもらえるため、企業にとって最も避けたい不渡りを防ぐことができます。

■ 小切手の振出しから換金までの流れ

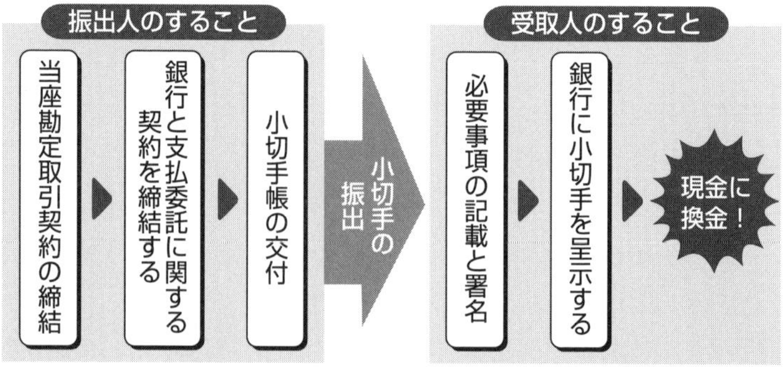

2 債権の回収はどのようにするのか

債権の内容、債務者の資産の状況、担保・保証の有無を確認する

債権を回収するために必要な準備

債権の回収においては、何よりもスピード感が重要です。時間の経過によって債務者の経済状況がさらに悪化して、倒産してしまうなどによって債権を回収することが不可能となってしまうケースも考えられますので、じっくりと回収計画やスケジュールを立てている暇はありません。債権の回収率を高めるためには、危機感をもって、直ちに回収に取り組む必要があります。

・支払いが滞っている債権額の確認をする

まずは、契約書や請求書といった、売掛金などの債権の成立や具体的な債権額が記載された書類を確認し、取引先に対する債権額を正確に把握することが必要です。契約書や請求書がない場合は、手紙やFAX、メールの交信記録など、債権の具体的な金額がわかるものがないかを確認しましょう。

また、債権について、担保が設定されていないか、つまり、抵当権などの物的担保の設定状況や、保証人の有無の確認も非常に重要です。これらが設定されている場合には、債務者の経済状況が悪化しても、担保権の実行による債権の回収を図ることができるからです。

・債務者の経済状況について調査・確認する

債務者の経済状況についての調査は、債務者の資産や収入などについて行います。

資産の調査は、債務者本人のものだけではなく、債務者が会社などの法人であれば、その代表者個人のレベルまで行っておくのがよいでしょう。可能であれば、債務者と面会して、支払が滞っている理由や

支払計画なども含めて、できるだけ多くの情報を聞き出すようにしましょう。

・債務者に送付する書類の準備

債権回収においては、「請求書」や「督促状」などのさまざまな書面を債務者に送付する可能性がありますので、時間をかけずに素早く書面を送付できるように事前準備をしておくことが大切です。

債権の回収の流れ

債権の回収の流れは、それぞれのケースによって異なりますが、一般的には、以下のような流れで行われることが多いといえます。

・第１段階

債務の支払期日が経過しても債務者から支払がない場合、ただ何もせずに待つのではなく、債権額を正確に把握した上で、まずは「請求書」や「売掛金残高確認書」「債務残高確認書」などを送ります。また、債務者に連絡をして、支払が遅れていること、いつ頃に支払ができるのか、などを確認します。

・第２段階

請求書などを送付しても無視されているなど、数週間程度経過しても債務者からいまだ支払がない場合には、請求書などよりも表現を少し強めにした「督促状」や「催告状」を送り、債務者に心理的プレッシャーを与える警告をします。

なお、請求書の送付からどの程度の期間が経過してから督促状や催告状を送付するのかについては決まりはありませんので、どのようなタイミングで督促状や催告状を送付するかについて、あらかじめフローやルールを決めておくべきでしょう。

・第３段階

「督促状」や「催告状」を送ってもいまだ支払がない場合には、さらに語気を強めた「通知書」を送ります。通知書には、一般的に、これまで請求書や督促状・催告状を送付しても支払がないことや、債務者が誠実に応答しないことなどを記載した上で、最終的な支払期限を伝えて、もしその期限内に債務全額の支払が確認できない場合や誠実な対応がなされない場合には、法的措置を講じる旨を記載し、いわば「最後通告」である旨を伝えます。

この通知書は、後述する配達証明付きの内容証明郵便にて送付すべきです。

また、通知書の送付と並行して、継続する取引の中止や契約の解除を行うことなどを検討します。たとえば、債務者に対して商品を売却して商品を引き渡したにもかかわらず、代金が支払われていないような場合には、債務者との契約を解除して、商品を返すよう債務者に請求します。

・第４段階

通知書に記載した最終的な支払期限に支払がない場合や債務者が何らかの対応をしない場合、法的措置として、支払督促や訴訟の提起を行います。

■ 債権回収の手順の例

第１段階	２週間程度支払が遅れている
	債務者と連絡をとり、支払意思の有無や支払予定日などを確認する
第２段階	**３週間～１か月程度遅れている場合**
	督促状や催告状を配達証明付内容証明郵便によって送付する
第３段階	**支払いが１か月半程度遅れている場合**
	継続する取引の中止・契約の解除などを検討する
第４段階	**支払いが２か月以上遅れている場合**
	訴訟や支払督促など、法的手段を検討する

書類の事前準備について

請求書や債務残高確認書、督促状、催告状、通知書などは、金額や支払時期などの債権の具体的な内容や債務者に関する記載については、ケースごとに変更する必要がありますが、それ以外の点はどのケースにも共通する定型文で作成するため、あらかじめひな型となるものを作成しておき、使用の必要性が生じたらすぐに使えるようにしておくとよいでしょう。

内容証明郵便の利用

請求書を送っても何らの応答がない場合には、再度請求書を送付することが考えられます。これによっても若干の回収は見込まれます。

しかし、現実的には、再請求をしても回収が進むという確率は、そう高くはないと言わざるを得ません。そのため、次の手段として、請求書を内容証明郵便に代えるのもよいでしょう。特に、配達証明付きの内容証明郵便は、債務者にプレッシャーを与えると共に、債務者に対し、いつ、どのような書面を送ったのかという証拠となるため、いざ訴訟になったときに効力を発揮します。

情報収集の結果、納入した商品について品質上のクレームがないなど、債務者側に支払いをしない正当な理由がないことが判明した場合には、次の手を考えなければなりません。

多くの場合には債務者側の資金繰りが苦しいといえます。この段階から、債務者が倒産することも視野に入れるべきでしょう。

3 債権の請求と債務者の承諾について知っておこう

債権の請求や債務者の承諾には債権の消滅時効の完成を阻止する効力がある

債権の請求や債務の承認にはどのような効果があるか

債権者が、弁済期日が過ぎても弁済をしない債務者に対し、内容証明郵便などによって請求を行うことは、債務者にとっては心理的なプレッシャーとなるため、任意の弁済を行うことを一定程度期待することができます。債権者が債務者に対して弁済の請求を行うことは、他にも、いくつかの効果があります。たとえば、債権が期限つきのものでない場合（期限のない債権）は、債権者の請求があった時点で期限が到来したことになり、債務者に支払義務が発生します。そのため、債権者の請求の時点から債務者は債務不履行（履行遅滞）となり、債務者が直ちに支払わない場合、債権者は遅延損害金も請求できます。

また、金銭債権は、民法などの法律に特別な定めがある場合を除き、債権者がその権利を行使することができることを知った時から５年、または、債権者がその権利を行使することができる時から10年を経過したときは、時効によって消滅します（これを消滅時効といいます）。このような債権の消滅時効については、債権者が債務者に債権の支払をするよう、裁判所に対して訴えを提起するという「裁判上の請求」を行うことで、その裁判手続きが終了するまでの間、消滅時効の完成が猶予されます。裁判手続きによって確定判決または確定判決と同一の効力を有するものによって権利が確定したときは、この裁判手続きが終了した時点で消滅時効が更新（消滅時効の進行を振り出しに戻すこと）されます。一方、請求書や催告書の送付など、裁判外での請求は、民法上の「催告」に該当し、裁判上の請求と異なり、催告があった時から６か月を経過するまでの間だけ、消滅時効の完成が猶予されます。時効の完成が間近に迫っており、訴えを提起している余裕がない場合には、このような催告を行うことによって、時効が完成する期間を延長させることができるというわけです。ただし、時効の完成を猶予する催告は一度しか認められません。催告をした後、再度債務者に催告をしても、これによってさらに時効の完成が猶予されるということにはなりませんので注意が必要です。

　さらに、債権者から催告を受けた債務者は、「必ず支払うからあと1，2か月くらい待ってほしい」などと申し出る場合もあります。このような債務の存在を認める行為や債務の返済猶予の申し出は、「債務の承認」に該当し、時効が更新されることになります。また、債務者が債務の一部でも支払った場合も「債務の承認」に該当し、時効が更新されます。時効が更新した場合には、更新事由が終了したときから、再度時効が進行します。

■ 時効の更新を理由とする再請求書の例

請求書

　私が貴殿に対して有する令和○○年○月○日を弁済期とする商品○○の代金支払請求に対し、令和○○年○月○日に貴殿は消滅時効を援用されました。

　しかし、令和○○年○月○日に貴殿から支払猶予の申入れを受け、私はこれを了承しております。当該支払猶予の申入れは時効の更新事由である承認にあたり、上記代金債権は未だ消滅時効が完成していないこととなります。

　つきましては、本書面が到達後7日以内に上記代金100万円をお支払い下さいますよう請求致します。

　令和○○年○月○日

○○県○○市○○町1丁目2番3号
長岡次郎　印

○○県○○市○○町7丁目8番9号
山本武　殿

4 内容証明郵便の書き方はどうする

字数や訂正方法には一定のルールがある

同じ内容のものが最低３通必要になる

内容証明郵便は、受取人が１人の場合でも、同じ内容の文面の手紙を最低３通用意する必要があります。郵便局ではそのうち１通を受取人に送り、１通を局に保管し、もう１通は差出人に返してもらえることになっています。同じ内容の文面を複数の相手方に送る場合には、「相手方の数＋２通」用意することになります。

用紙の指定は特にありません。また、インターネットを通じて内容証明を発送する方法（電子内容証明）も広く使われています。郵便局に行かなくても24時間発送ができるので便利です。

１枚の用紙に書ける字数は決まっている

内容証明郵便を郵便局で差し出す場合、１枚の用紙に書ける文字数には制約があります。文字数と行数には次ページの図の３タイプがあり、用紙１枚に520字までを最大限とします。

用紙が２枚以上になる場合には、差し替え防止のためホチキスや糊で綴じて、ページのつなぎ目に左右の用紙へまたがるように、差出人のハンコを押します（契印）。ハンコは三文判でもかまいません。

郵便局へ持って行く

こうしてできた同文の書面３通（受取人が複数ある場合には、その数に２通を加えた数）と、差出人・受取人の住所氏名を書いた封筒を受取人の数だけ持って、郵便局の窓口へ持参します。内容証明郵便を取り扱っているのは、すべての事業所ではなく、集配事業所や支社が指定した事業所です。その際、字数計算に誤りがあったときなどのために、訂正用の印鑑を持っていくのがよいでしょう。

郵便局に提出するのは、内容証明郵便の文書と、そこに記載された差出人・受取人と同一の住所氏名が書かれた封筒です。窓口で、書面に「確かに何日に受け付けました」という内容の証明文と日付の明記されたスタンプが押されます。その後、文書を封筒に入れて再び窓口に差し出します。引き換えに受領証と控え用の文書が交付されます。これは後々の証明になりますから、大切に保管しておいてください。

なお、到達日付を確実に証明したいときは内容証明郵便を配達証明付きにすれば、相手方に届いたことと、その年月日が証明され、内容証明郵便の証明力がより強化されます。

■ 内容証明郵便の書き方

用　紙	市販されているものもあるが、特に指定はない。 B4判、A4判、B5判が使用されている。
文　字	日本語のみ。かな（ひらがな、カタカナ）、漢字、 数字（算用数字・漢数字）。 外国語不可。英字は不可（固有名詞に限り使用可）
文字数と行数	縦書きの場合　：20字以内×26行以内 横書きの場合①：20字以内×26行以内 横書きの場合②：26字以内×20行以内 横書きの場合③：13字以内×40行以内
料　金	文書1枚（440円）＋郵送料（84円）＋書留料（435円） ＋配達証明料（差出時320円）＝1279円 文書が1枚増えるごとに260円加算

※令和元年10月1日消費税10%改訂時の料金

巻末資料1　印紙税額一覧表

印紙税額一覧表

令和5年4月現在

10万円以下又は10万円以上　10万円は含まれます。
10万円を超え又は10万円未満　10万円は含まれません。

番号	文書の種類	印紙税額（1通又は1冊につき）	主な非課税文書
1	1　不動産、鉱業権、無体財産権、船舶若しくは航空機又は営業の譲渡に関する契約書 （注）無体財産権とは、特許権、実用新案権、商標権、意匠権、回路配置利用権、育成者権、商号及び著作権をいいます。 （例）不動産売買契約書、不動産交換契約書、不動産売渡証書など 2　地上権又は土地の賃借権の設定又は譲渡に関する契約書 （例）土地賃貸借契約書、土地賃料変更契約書など 3　消費貸借に関する契約書 （例）金銭借用証書、金銭消費貸借契約書など 4　運送に関する契約書 （注）運送に関する契約書には、用船契約書を含み、乗車券、乗船券、航空券及び運送状は含まれません。 （例）運送契約書、貨物運送引受書など	記載された契約金額が 1万円以上　10万円以下のもの　200円 10万円を超え　50万円以下のもの　400円 50万円を超え 100万円以下のもの　1千円 100万円を超え 500万円以下のもの　2千円 500万円を超え　1千万円以下のもの　1万円 1千万円を超え　5千万円以下のもの　2万円 5千万円を超え　1億円以下のもの　6万円 1億円を超え　5億円以下のもの　10万円 5億円を超え　10億円以下のもの　20万円 10億円を超え　50億円以下のもの　40万円 50億円を超えるもの　60万円 契約金額の記載のないもの　200円	記載された契約金額が1万円未満のもの ※第1号文書と第3号から第17号文書とに該当する文書で第1号文書に所属が決定されるものは、記載された契約金額が1万円未満であっても非課税文書となりません。
	上記の1に該当する「不動産の譲渡に関する契約書」のうち、平成9年4月1日から令和6年3月31日までの間に作成されるものについては、契約書の作成年月日及び記載された契約金額に応じ、印紙税額が軽減されています。 平成26年4月1日から令和6年3月31日までの間に作成されるものについては、右欄のとおりです。 （注）契約金額の記載のないものの印紙税額は、本則どおり200円となります。	【平成26年4月1日～令和6年3月31日】 記載された契約金額が 10万円を超え　50万円以下のもの　200円 50万円を超え 100万円以下のもの　500円 100万円を超え500万円以下のもの　1千円 500万円を超え　1千万円以下のもの　5千円 1千万円を超え　5千万円以下のもの　1万円 5千万円を超え　1億円以下のもの　3万円 1億円を超え　5億円以下のもの　6万円 5億円を超え　10億円以下のもの　16万円 10億円を超え　50億円以下のもの　32万円 50億円を超えるもの　48万円	
2	請負に関する契約書 （注）請負には、職業野球の選手、映画（演劇）の俳優（監督・演出家・プロデューサー）、プロボクサー、プロレスラー、音楽家、舞踊家、テレビジョン放送の演技者（演出家、プロデューサー）が、その者としての役務の提供を約することを内容とする契約を含みます。 （例）工事請負契約書、工事注文請書、物品加工注文請書、広告契約書、映画俳優専属契約書、請負金額変更契約書など	記載された契約金額が 1万円以上　100万円以下のもの　200円 100万円を超え　200万円以下のもの　400円 200万円を超え　300万円以下のもの　1千円 300万円を超え　500万円以下のもの　2千円 500万円を超え　1千万円以下のもの　1万円 1千万円を超え　5千万円以下のもの　2万円 5千万円を超え　1億円以下のもの　6万円 1億円を超え　5億円以下のもの　10万円 5億円を超え　10億円以下のもの　20万円 10億円を超え　50億円以下のもの　40万円 50億円を超えるもの　60万円 契約金額の記載のないもの　200円	記載された契約金額が1万円未満のもの ※第2号文書と第3号から第17号文書とに該当する文書で第2号文書に所属が決定されるものは、記載された契約金額が1万円未満であっても非課税文書となりません。
	上記の「請負に関する契約書」のうち、建設業法第2条第1項に規定する建設工事の請負に係る契約に基づき作成されるもので、平成9年4月1日から令和6年3月31日までの間に作成されるものについては、契約書の作成年月日及び記載された契約金額に応じ、印紙税額が軽減されています。		

番号	文書の種類	印紙税額（1通又は1冊につき）	主な非課税文書
2	平成26年4月1日から令和6年3月31日までの間に作成されるものについては、右欄のとおりです。 (注)契約金額の記載のないものの印紙税額は、本則どおり200円となります。	【平成26年4月1日～令和6年3月31日】 記載された契約金額が 100万円を超え　200万円以下のもの　200円 200万円を超え　300万円以下のもの　500円 300万円を超え　500万円以下のもの　1千円 500万円を超え　1千万円以下のもの　5千円 1千万円を超え　5千万円以下のもの　1万円 5千万円を超え　1億円以下のもの　3万円 1億円を超え　5億円以下のもの　6万円 5億円を超え　10億円以下のもの　16万円 10億円を超え　50億円以下のもの　32万円 50億円を超えるもの　48万円	
3	約束手形、為替手形 (注) 1　手形金額の記載のない手形は非課税となりますが、金額を補充したときは、その補充をした人がその手形を作成したものとみなされ、納税義務者となります。 2　振出人の署名のない白地手形（手形金額の記載のないものは除きます。）で、引受人やその他の手形当事者の署名のあるものは、引受人やその他の手形当事者がその手形を作成したことになります。	記載された手形金額が 10万円以上　100万円以下のもの　200円 100万円を超え　200万円以下のもの　400円 200万円を超え　300万円以下のもの　600円 300万円を超え　500万円以下のもの　1千円 500万円を超え　1千万円以下のもの　2千円 1千万円を超え　2千万円以下のもの　4千円 2千万円を超え　3千万円以下のもの　6千円 3千万円を超え　5千万円以下のもの　1万円 5千万円を超え　1億円以下のもの　2万円 1億円を超え　2億円以下のもの　4万円 2億円を超え　3億円以下のもの　6万円 3億円を超え　5億円以下のもの　10万円 5億円を超え　10億円以下のもの　15万円 10億円を超えるもの　20万円	1　記載された手形金額が10万円未満のもの 2　手形金額の記載のないもの 3　手形の複本又は謄本
	①　一覧払のもの、②金融機関相互間のもの、③外国通貨で金額を表示したもの、④非居住者円表示のもの、⑤円建銀行引受手形	10万円以上のもの　200円	
4	株券、出資証券若しくは社債券又は投資信託、貸付信託、特定目的信託若しくは受益証券発行信託の受益証券 (注) 1　出資証券には、投資証券を含みます。 2　社債券には、特別の法律により法人の発行する債券及び相互会社の社債券を含むものとする。	記載された券面金額が 500万円以下のもの　200円 500万円を超え　1千万円以下のもの　1千円 1千万円を超え　5千万円以下のもの　2千円 5千万円を超え　1億円以下のもの　1万円 1億円を超えるもの　2万円 (注) 株券、投資証券については、1株（1口）当たりの払込金額に株数（口数）を掛けた金額を券面金額とします。	1 日本銀行その他特定の法人の作成する出資証券 2 譲渡が禁止されている特定の受益証券 3 一定の要件を満たしている額面株式の株券の無効手続に伴い新たに作成する株券
5	合併契約書又は吸収分割契約書若しくは新設分割計画書 (注) 1　会社法又は保険業法に規定する合併契約を証する文書に限ります。 2　会社法に規定する吸収分割契約又は新設分割計画を証する文書に限ります。	4万円	
6	定 款 (注) 株式会社、合名会社、合資会社、合同会社又は相互会社の設立のときに作成される定款の原本に限ります。	4万円	株式会社又は相互会社の定款のうち公証人法の規定により公証人の保存するもの以外のもの
7	継続的取引の基本となる契約書 (注) 契約期間が3か月以内で、かつ更新の定めのないものは除きます。	4千円	

番号	文書の種類	印紙税額（1通又は1冊につき）	主な非課税文書
7	（例）売買取引基本契約書、特約店契約書、代理店契約書、業務委託契約書、銀行取引約定書など		
8	預金証書、貯金証書	200円	信用金庫その他特定の金融機関の作成するもので記載された預入額が1万円未満のもの
9	倉荷証券、船荷証券、複合運送証券 （注）法定記載事項の一部を欠く証書で類似の効用があるものを含みます。	200円	
10	保険証券	200円	
11	信用状	200円	
12	信託行為に関する契約書 （注）信託証書を含みます。	200円	
13	債務の保証に関する契約書 （注）主たる債務の契約書に併記するものは除きます。	200円	身元保証ニ関スル法律に定める身元保証に関する契約書
14	金銭又は有価証券の寄託に関する契約書	200円	
15	債権譲渡又は債務引受けに関する契約書	記載された契約金額が1万円以上のもの 200円 契約金額の記載のないもの 200円	記載された契約金額が1万円未満のもの
16	配当金領収証、配当金振込通知書	記載された配当金額が3千円以上のもの 200円 配当金額の記載のないもの 200円	記載された配当金額が3千円未満のもの
17	売上代金に係る金銭又は有価証券の受取書 （注）1　売上代金とは、資産を譲渡することによる対価、資産を使用させること（権利を設定することを含みます。）による対価及び役務を提供することによる対価をいい、手付けを含みます。 2　株券等の譲渡代金、保険料、公社債及び預貯金の利子などは売上代金から除かれます。 （例）商品販売代金の受取書、不動産の賃貸料の受取書、請負代金の受取書、広告料の受取書など	記載された受取金額が 5万円以上　100万円以下のもの 200円 100万円を超え　200万円以下のもの 400円 200万円を超え　300万円以下のもの 600円 300万円を超え　500万円以下のもの 1千円 500万円を超え　1千万円以下のもの 2千円 1千万円を超え　2千万円以下のもの 4千円 2千万円を超え　3千万円以下のもの 6千円 3千万円を超え　5千万円以下のもの 1万円 5千万円を超え　1億円以下のもの 2万円 1億円を超え　2億円以下のもの 4万円 2億円を超え　3億円以下のもの 6万円 3億円を超え　5億円以下のもの 10万円 5億円を超え　10億円以下のもの 15万円 10億円を超えるもの 20万円 受取金額の記載のないもの 200円	次の受取書は非課税 1 記載された受取金額が5万円未満のもの 2 営業に関しないもの 3 有価証券、預貯金証書など特定の文書に追記した受取書
	2　売上代金以外の金銭又は有価証券の受取書 （例）借入金の受取書、保険金の受取書、損害賠償金の受取書、補償金の受取書、返還金の受取書など	5万円以上または受取金額の記載のないもの 200円	
18	預金通帳、貯金通帳、信託通帳、掛金通帳、保険料通帳	1年ごとに 200円	1 信用金庫など特定の金融機関の作成する預貯金通帳 2 所得税が非課税となる普通預金通帳など 3 納税準備預金通帳
19	消費貸借通帳、請負通帳、有価証券の預り通帳、金銭の受取通帳などの通帳 （注）18に該当する通帳を除きます。	1年ごとに 400円	
20	判取帳	1年ごとに 4千円	

巻末資料２　文書の所属の決定

印紙税は、課税物件表の第１号～第20号文書に対して課税されます。

したがって、第何号文書に該当するかの判定（所属の決定）は、非常に重要です。

具体的には、「印紙税法別表第１課税物件表の適用に関する通則」及び「印紙税法基本通達」に規定されていますが、基本的な内容について、以下の通り例示とあわせて説明します。

⑴　単一の事項のみが記載されている文書

その記載されている事項が、第何号文書に該当するか判断します。

> たとえば、一の文書に土地の売買契約とか金銭の受取事実など単一の事項のみが記載されているものについては、次の通りその文書の所属する号が決まります。
> （例１）土地の売買契約書 ➡ 第１号の１文書
> （例２）売上代金の受取書 ➡ 第17号の１文書

⑵　２以上の事項が併記又は混合記載されている文書

一つの文書に２以上の号に係る課税事項が記載されている場合、原則として

・該当する号のうち税率の最も高い文書に所属させる
・税率が同じ場合、先に掲げられている号の文書に所属させる
・証書と通帳の双方に該当する場合、通帳の号の文書に所属させる

という考え方に基づいて文書の所属を決定するとされています。

具体的にはそれぞれの記載事項が第何号の文書に該当するかを、以下に例示する一定のルールに従って導き、最終的な文書の所属を決定します。

①「第１号又は第２号文書」と「第３号から第17号までの文書」に該当する場合（ただし、②又は③に該当する文書は除く）
➡ 第１号（又は第２号）文書として課税

> （例１）不動産及び売掛債権の譲渡契約書（第１号の１文書と第15号文書に該当）➡ 第１号文書として課税対象
> （例２）請負工事の内容とその代金の受領事実を記載した契約書（第２号文書と第17号の１文書に該当）➡ 第２号文書として課税

②「第１号又は第２号文書で契約金額の記載のないもの」と「第７号文書」に該当する場合 ➡ 第７号文書として課税

> （例）継続する物品運送についての基本的な事項を定めた契約書で契約金額の記載のないもの（第１号の４文書と第７号文書に該当）
> ➡ 第７号文書として課税

③ 「第１号又は第２号文書」と「第17号の１文書に該当し、売上代金に係る受取金額（100万円を超えるものに限る）の記載がある場合（その金額が第１号・第２号文書についての契約金額を超えるもの又は第１号・第２号文書についての契約金額の記載のないもの）」➡ 第17号の１文書として課税

（例）売掛金800万円のうち600万円を領収し、残額200万円を消費貸借の目的とする旨が記載されている消費貸借及び金銭の受取書（第１号の３文書と第17号の１文書に該当）➡ 第17号の１文書として課税

④ 「第１号文書」と「第２号文書」に該当する場合（ただし、⑤に該当する文書は除く）➡ 第１号文書として課税

（例）機械製作及びその機械の運送契約書（第２号文書と第１号の４文書に該当）➡ 第１号の４文書として課税

⑤ 「第１号文書」と「第２号文書」に該当する文書で、それぞれの契約金額が区分記載されており、第２号文書についての契約金額が第１号文書についての契約金額を超える場合 ➡ 第２号文書として課税

（例）機械製作費200万円及びその機械の運送料10万円とが区分記載されている請負及び運送契約書（第２号文書と第１号の４文書に該当）➡ 第２号文書として課税

⑥ 第３号から第17号までの２以上の号に該当する場合（ただし、⑦に該当する文書は除く）➡ 最も号数の少ない号の文書として課税

（例）継続する債権譲渡についての基本的な事項を定めた契約書（第７号文書と第15号文書に該当）➡ 第７号文書として課税

⑦ 「第３号から第16号までの文書」と「第17号文書」に該当し、売上代金に係る受取金額（100万円を超えるものに限る）の記載がある場合 ➡ 第17号の１文書として課税

（例）債権の譲渡契約書にその代金200万円の受取事実を記載したもの（第15号文書と第17号の１文書に該当）➡ 第17号の１文書として課税

⑧ 「第１号から第17号までの文書」と「第18号から第20号までの文書（通帳等）」に該当する場合（ただし、⑨、⑩又は⑪に該当する文書を除く）➡第18号～第20号文書（通帳等）として課税

（例）生命保険証券兼保険料受取通帳（第10号文書と第18号文書に該当）➡ 第18号文書として課税

⑨「第１号文書で契約金額が10万円（注）を超えるもの」と「第19号又は第20号文書」に該当する場合　➡ 第１号文書として課税

（注）印紙税の軽減措置が適用される不動産譲渡契約書である場合には、50万円となります。

（例）契約金額が500万円の不動産売買契約書とその代金の受取通帳（第１号の１文書と第19号文書に該当）➡ 第１号文書として課税

⑩「第２号文書で契約金額が100万円（注）を超えるもの」と「第19号又は第20号文書」に該当する場合 ➡ 第２号文書として課税

（注）印紙税の軽減措置が適用される建設工事請負契約書である場合には、200万円となります。

（例）契約金額が150万円の請負契約書とその代金の受取通帳（第２号文書と第19号文書に該当）➡ 第２号文書として課税

⑪「第17号文書（売上代金の受取金額が100万円を超えるもの）」と「第19号又は第20号文書（第19号又は第20号の通帳等に、100万円を超える売上代金の受領事実の付け込みをしたものも含む）」に該当する場合 ➡ 第17号の１文書として課税

（例）下請前払金200万円の受領事実を記載した請負通帳（第17号の１文書と第19号文書に該当）➡ 第17号の１文書として課税

⑫「第18号文書」と「第19号文書」に該当する場合 ➡ 第19号文書として課税

（例）預貯金通帳と金銭の受取通帳が１冊となった通帳（第18号文書と第19号文書に該当）➡ 第19号文書として課税

【監修者紹介】

松岡　慶子（まつおか　けいこ）

認定司法書士。大阪府出身。神戸大学発達科学部卒業。専攻は臨床心理学。音楽ライターとして産経新聞やミュージック・マガジン、クロスビート、ＣＤジャーナルなどの音楽専門誌等に執筆経験がある。2013 年 4 月司法書士登録。大阪司法書士会会員、簡裁訴訟代理関係業務認定。大阪市内の司法書士法人で、債務整理、訴訟業務、相続業務に従事した後、2016 年に「はる司法書士事務所」を開設。日々依頼者の方にとって最も利益となる方法を模索し、問題解決向けて全力でサポートしている。
監修書に『図解で早わかり　不動産登記のしくみと手続き』『入門図解 任意売却と債務整理のしくみと手続き』『最新　不動産業界の法務対策』『抵当・保証の法律と担保をめぐるトラブル解決法』『図解　土地・建物の法律と手続き』『最新　内容証明郵便実践文例集 200』『最新　会社役員【取締役・監査役】のための法律常識と手続き　疑問解決マニュアル』『図解で早わかり　商業登記の基本と実務』（いずれも小社刊）などがある。

はる司法書士事務所
大阪府大阪市中央区平野町 3-1-7　日宝平野町セントラルビル 605 号
電話：06-6226-7906　mail　harulegal@gmail.com
http://harusouzoku.com

武田　守（たけだ　まもる）

1974 年生まれ。東京都出身。公認会計士・税理士。慶應義塾大学卒業後、中央青山監査法人、太陽有限責任監査法人、上場会社勤務等を経て、現在は武田公認会計士・税理士事務所代表。監査法人では金融商品取引法監査、会社法監査の他、株式上場準備会社向けの IPO コンサルティング業務、上場会社等では税金計算・申告実務に従事。会社の決算業務の流れを、監査などの会社外部の視点と、会社組織としての会社内部の視点という２つの側面から経験しているため、財務会計や税務に関する専門的なアドバイスだけでなく、これらを取り巻く決算体制の構築や経営管理のための実務に有用なサービスを提供している。
著作として『株式上場準備の実務』（中央経済社、共著）、『不動産税金【売買・賃貸・相続】の知識』『入門図解　消費税のしくみと申告書の書き方』『入門図解 会社の終わらせ方・譲り方【解散清算・事業承継・Ｍ＆Ａ】の法律と手続き実践マニュアル』『図解で早わかり　会計の基本と実務』『個人開業・青色申告の基本と手続き 実践マニュアル』『図解で早わかり 会社の税金』『事業再編・Ｍ＆Ａ【合併・会社分割・事業譲渡】の法律と手続き』『すぐに役立つ　相続登記・相続税・事業承継の法律と書式』『身内が亡くなったときの届出と法律手続き』『すぐに役立つ 空き家をめぐる法律と税金』『図解で早わかり 税金の基本と実務』『入門図解 電子帳簿保存法対応　経理の基本と実務マニュアル』『入門図解 法人税のしくみと法人税申告書の書き方』（小社刊）などがある。

事業者必携
入門図解
インボイス制度に対応！
最新　ビジネス契約書と請求書・領収書・印鑑・印紙税の実務知識

2023年８月30日　第１刷発行

監修者　松《まつ》岡《おか》慶《けい》子《こ》　武《たけ》田《だ》守《まもる》
発行者　前田俊秀
発行所　株式会社三修社
〒150-0001　東京都渋谷区神宮前2-2-22
TEL　03-3405-4511　FAX　03-3405-4522
振替　00190-9-72758
https://www.sanshusha.co.jp
編集担当　北村英治
印刷所　萩原印刷株式会社
製本所　牧製本印刷株式会社

ISBN978-4-384-04923-7 C2032